WESTEND

ROBERTO J. DE LAPUENTE

RECHTS GEWINNT, WEIL LINKS VERSAGT

Schlammschlachten,
Selbstzerfleischung
und rechte Propaganda

WESTEND

Mehr über unsere Autoren und Bücher:
www.westendverlag.de

Die Deutsche Nationalbibliothek verzeichnet diese Publikation in
der Deutschen Nationalbibliografie; detaillierte bibliografische Daten
sind im Internet über http://dnb.d-nb.de abrufbar.

ISBN 978-3-86489-199-1
© Westend Verlag GmbH, Frankfurt/Main 2018
Umschlaggestaltung: Buchgut, Berlin
Satz: Publikations Atelier, Dreieich
Druck und Bindung: CPI – Clausen & Bosse, Leck
Printed in Germany

Inhalt

Vorwort

Es ist ja nicht nur so, dass ich persönlich von den Affekten, Neigungen und Übertriebenheiten linker Fundis genervt bin. Um meine persönliche Befindlichkeit geht es mir in diesem Buch eher sekundär. Ich glaube eigentlich vielmehr, dass die fundamentalistische linke Haltung uns gesamtgesellschaftlich lähmt, uns ihm Status neoliberaler Gesellschaftstransformation und neuer rechter Umtriebe konserviert. Und dieser Umstand ist es, der mich nervt.

Ihr Fett hat die Linke ja in den letzten Jahren in trister Regelmäßigkeit wegbekommen. Das bürgerliche Feuilleton, drittklassige Kolumnisten und Hinterbänkler der Historikerzunft, tobten sich mit vertrauter konservativer Affektiertheit an einem Linksruck ab, den es so, wie sie ihn beschrieben, gar nicht gab. Es dennoch zu behaupten: Das war trendy. Und so haben sich im letzten Jahrzehnt einige Linkenhasser redlich darum bemüht, den Menschen ihr ganz eigentümliches Bild von den Linken im Lande zu vermitteln. Alles nur aus einem Grund: damit die Wählerinnen und Wähler nur bloß keine Experimente wagen.

Freilich war nicht alles, was diese Mahner da so an Instruktionen an ein Massenpublikum herantrugen, gänzlich verkehrt. Natürlich spinnen einige Linke im Lande. Manche sogar gewaltig. Was diese Publizisten allerdings verkehrt dargestellt haben: Sie haben »analytisch« so getan, als ob die Fundis, die sie beschrieben, eins zu eins mit der seinerzeit noch recht jungen Partei der

Linken in Deckungsgleichheit zu bringen wären. Auf diese Kolumnisten werden wir gleich noch zu sprechen kommen. Nicht zu ausgiebig – versprochen. Wir haben anderes vor, als Fake-Publizisten zu ernst zu nehmen.

Es ist ein sonderbares Paradox, dass die linken Fundis zwar politisch isoliert sind, keinen Platz mehr an den Schalthebeln politischer Entscheidungsgremien einnehmen, aber gleichzeitig nichtsdestoweniger irgendwie noch einen Wirkungseinfluss auf die allgemeine Befindlichkeit dieser politischen Richtungsangabe zeitigen. Wie eine Kaste von hochmütigen Hohepriestern predigen sie »ihrer« linken Community – ob sie es will oder nicht –, wie man ein richtiges und sittsames Leben im falschen leben sollte. Mit Profanitäten gibt man sich da gar nicht erst ab, mit irritierenden Tatsachen auch nicht. Und sie sind dabei mindestens so faktenresistent wie jene Postfaktischen, als deren politische Kombattanten sie sich wähnen. Wer braucht schon Fakten, wenn er eine Meinung hat? Unfehlbarkeit scheint nicht nur ein katholisches Faible zu sein.

Dieser Einfluss als spirituelle Lordsiegelbewahrer eines Lebensgefühls bringt ein klitzekleines Problem mit sich: Er modelliert aus politischer Weltanschauung eine bizarre, fast esoterisch angehauchte Religion. In Zeiten der Säkularisierung ist das eine ganz miserable Verkaufsstrategie. Und weil die Menschen ja auch noch von manchem Kolumnisten und Historiker gesagt bekamen, dass alle Linken fundamentalistischen Gemüts, ja regelrechte Zeloten seien, lassen sie sich auf eine linke Perspektive gar nicht erst ein. Wer hat schon gesteigerte Lust darauf, dass moralische Wanderprediger in politischen Ämtern aufgehen?

Dieses Buch möchte eine triviale Tatsache nochmals klarstellen: *Die* Linken – die gibt es gar nicht. Es gibt wie überall solche und solche. Und dann sind da noch diejenigen, die ein bisschen solchener sind als die anderen. Und die schrecken mit ihrer Haltung, ihrem Hang zur Dramatisierung und Diabolisierung politi-

scher Kontrahenten ganz gewaltig die politischen Normalver-
braucher ab. Auch – und darum geht es mir vor allem in diesem
Buch – auf Kosten anständiger Leute aus dem linken Lager.

Das ist fürwahr kein Nischenproblem, keine Randgruppen-
sorge. Denn es wird langsam, aber sicher Zeit für eine Alternative zur Altersnaiven im Kanzleramt. Eine Alternative übrigens,
die diesen Namen verspricht und nicht nur im Namen trägt.
Traurig genug, dass man diesen Satz heute nachschieben muss,
damit er nicht in den falschen Hals gerät.

Damit alternativ etwas geht, muss sich auch die Linke von ihren fundamentalen Lebenslügen und fundamentalistischen Kollegen ein bisschen distanzieren. Es ist an der Zeit, dass sich das
linke Projekt entspannt und von gewissen falschen Freunden
deutlich distanziert. Am besten so schnell wie möglich – es eilt,
die Neoliberalen machen Koalition, die Rechten knobelbechern
im Reichstag durch die Reihen. Links muss was passieren.

Verwechselt die linken Fundis nicht mit der Linken – sie sind
es nicht. Sie pflegen einen – nett ausgedrückt – reaktionären Stil
und sind eines wahrscheinlich schon lange nicht mehr: links. Ich
gebe es ja zu, diese Schlussfolgerung war ein bisschen billig,
denn diese besonders linken Linken behaupten ja dasselbe auch
von denen, die nicht so radikal sind wie sie.

Daran sieht man: Es geht um die Deutungshoheit innerhalb
der Linken. Und es geht darum, endlich eine vernünftige Alternative darzustellen, die die Menschen nicht mit utopischen Aussichten und Umerziehungsratschlägen verprellt.

Lasst euch von diesen speziellen Linken nicht treiben, liebe
Linke – auch so hätte dieses Buch letztlich heißen können.

Einleitung: Alerta, alerta Antifa!

»Das Halbverstandene und Halberfahrene ist nicht die Vorstufe der Bildung, sondern ihr Todfeind.«

– Theodor W. Adorno –

Als ich mich an einem späten Vormittag im Herbst 2016 in die Demonstration gegen das Freihandelsabkommen Ceta einreihte, staunte ich nicht schlecht über das breite Spektrum der anwesenden Gruppen und Personen, die sich in dieser Frage engagierten. Uns alle mochten zwar politisch nicht dieselben Vorstellungen in allen gesellschaftlichen Fragen einen. Zumindest aller Wahrscheinlichkeit nach. Aber als Opposition zu einem Abkommen, das drohte, die Geschicke der öffentlichen Hand in die Obhut einer Konzernjurisprudenz zu überführen, zogen wir in dieser einen Angelegenheit alle an einem Strang. So fanden Landwirte und Stadtmenschen zusammen, trafen junge Hipster auf reifere Herren im Sonntagsstaat und eher konservative Kritiker liefen neben progressiven Gewerkschaftern durch die Frankfurter Innenstadt. Und dann gab es da auch noch dieses chaotische Geschwader, die Antifa, bestehend aus einem schwarzen Block vieler junger Männer und Frauen, die kaum ihrem Kinderzimmer entschlüpft schienen. Unter ihnen tummelten sich allerdings auch eine ganze Menge älterer Zeitgenossen. Zusammen liefen sie in einem rechteckigen Karree, das sie seitlich mit ziemlich lieblos besprühten Stoffspruchbändern zu den anderen Teilnehmern abgrenzten. In dieser Blockexklusivität leisteten sie ihren seltsamen Beitrag gegen Ceta.

Dabei fielen sie im Vergleich zu den anderen Teilnehmern hörbar aus dem Rahmen; sie wirkten fast so, als hätten sie den Bus zur falschen Veranstaltung genommen, skandierten simplifizierende, ja teils auch vollkommen sinnlose Parolen und jubelten jedem Außenstehenden im fraternisierenden Brustton zu, der es ihnen in derselben Undifferenziertheit gleichtat. Durch die Straßen hallten beständig ihre obligatorischen Schlachtenrufe. Obwohl es an diesem Tag nicht gegen Neonazis ging, sondern gegen die Absichten global agierender Konzerne und ihrer politischen Steigbügelhalter, pressten sie ihr Standardrepertoire, das übliche Repetitio aus »Alerta, Alerta Antifascista!«, »Nazis raus!« und »Rassismus raus aus den Köpfen!« aus ihren Kehlen.

Irgendwo dann am Sachsenhäuser Ufer hissten unbekannte Meinungsfreudige ein Banner ans oberste Stockwerk eines höherstöckigen Gebäudes, auf dem zu lesen war »Wahren Handel gibt es nur im Kommunismus«. Die in Schwarztönen gehüllte Gemeinde honorierte das mit anerkennenden Freudenrufen. Plötzlich war da ein Juchzen. Ganz wie Schlachtenbummler, die auf dem Weg in den Fanblock sind. Man spürte deutlich, die waren ganz in ihrem Element. Zwei männliche Gewerkschafter, die wie ich in der Nähe des Blocks ihren Platz im Lindwurm des Protests gefunden hatten, wechselten daraufhin kopfschüttelnd und verlegen grinsend die Position. Das sei nicht ganz ihre Klientel, entschuldigten sie sich hilflos lächelnd, als sie zwecks Neuorientierung scharf ausscherten und mir beinahe auf den Fuß stiegen.

Wie den beiden Männern ergeht es wohl vielen Bürgern draußen in der Republik. Dummerweise setzen viele der Irritierten die politische Linke mit diesen ganz besonderen Zeitgenossen des linken Spektrums gleich. Was nicht verwunderlich ist, denn obgleich diese recht speziellen Linken ganz sicher nicht die Mehrheit ausmachen, schreien doch ausgerechnet sie so laut wie niemand sonst links des Mainstreams. Ihnen geht es dabei freilich primär um die Erlangung der Deutungshoheit innerhalb des linken Diskurses. Sie bewegen sich intellektuell allerdings mehr oder minder wechselweise zwischen Vergangenheit und idealistischen Topoi – ihr Duktus und ihre soziologischen Betrachtungsweisen belegen jedenfalls, dass dem so ist.

Es ist fast schon stringent, dass der angeblich so viel gerechtere Kommunismus, den sie auf Spruchbändern an Häuserfassaden zu ihrer Freude erspähen, immer noch Thema ihrer hanebüchenen Sozialsowjetromantik ist. Dergleichen macht den unbedarften Bürger jedoch für linke Ideen unzugänglich. Das ist besonders bedauerlich, weil die letzten beiden Jahrzehnte eigentlich das Terrain für einen Linksrutsch gewesen wären: Sozialabbau bei wachsendem Reichtum, Kürzungen der Etats und Privatisierungen waren für eine solchen Schwenk auf alle Fälle Gründe genug. Tatsächlich hat sich dann auch relativ bald schon eine Partei der linken Sozialdemokratie gegründet. Und sie zog auch flugs in den Bundestag ein. Dabei blieb es bislang. Prozentual nennenswert zulegen konnte sie in all den Jahren eigentlich nicht.

Dieser Stillstand hat selbstverständlich verschiedene Ursachen. Nicht zu unterschätzen ist hierbei vor allem die über viele Jahre praktizierte Kampagne der Medien gegen diese damals noch junge Linkspartei. Das Repertoire hierzu war mannigfaltig. Von der Diskreditierung des Parteivorsitzenden als »wie Hitler«[1] und als jemand, der Nazi-Sprache[2] bediene, bis hin zum eher subtilen Vorgehen, indem man Politiker von »Die Linke« einfach nicht in politische Diskussionsrunden einlud: Es war wirklich für jeden schlechten Geschmack etwas dabei. Das verabreichte Schmuddelimage ließ die Partei, deren faktische Stunde geschlagen hätte, weiterhin ein Nischendasein fristen.

Mit der Finanzkrise relativierte sich diese mediale Schieflage etwas. Linke Politiker waren jetzt nicht mehr grundsätzlich Parias. Nun durften sie als Experten ran, denn sie waren es schließlich, die immer ein dumpfes Bauchgefühl dafür gehabt hätten, dass innerhalb des Systems etwas Grundlegendes vermodert sei. Plötzlich konnte man ja selbst im Feuilleton der *Frankfurter Allgemeinen Zeitung* lesen, dass ein Mitherausgeber[3] dieses konservativen Blattes zu glauben begann, dass die Linke recht habe. Fielen die konservativen Meinungsmacher etwa vom Glauben und ihrer Leitlinie ab? Ganz zu schweigen von den Umfragen, die belegten, dass die Deutschen dem Kapitalismus mittlerweile nicht mehr trauten. Bei Urnengängen gab es allerdings kaum Veränderung, die neoliberale Politik Angela Merkels gab sich alternativloser denn je.

Wahrscheinlich haben auch die vielen Jahrzehnte antisozialistischer Propaganda nachhaltig Wirkung gezeigt. Man wurde ja auch nicht müde, unablässig zu betonen, dass diese Linkspartei die legitime Nachfolgepartei der SED sei, jener gräulichen Einheitspartei aus Ostdeutschland, die per Schießbefehl Mauertote als Kollateralschäden in Kauf nahm. Überdies haben ganz sicher obendrauf auch noch die linksterroristischen Ereignisse der Siebziger- und Achtzigerjahre mitsamt ihrer links-technokratischen Bekennerstatements und Kassiber die bürgerliche Mitte nachhaltig so verschreckt, dass jede linke Systemkritik gleich schreckliche Erinnerungen wecken muss.

Doch maßgeblich, so dachte ich mir, als ich an jenem Herbsttag mit der Herde der Demonstranten quer durch Frankfurt trottete, dürften auch diese Leute in schwarzen Hoodies hier sein, die so fremd und realitätsfern auftreten und aufgrund ihrer lauten Art immer irgendwie wirken, als seien sie die Bewahrer der linken Gesinnung im Lande schlechthin. Solche Leute könnte man fürwahr nicht wählen. Diese Melange aus Geschichtsvergessenheit, Verherrlichung und Simplifizierung ordnet man eigentlich denen zu, gegen die sie oft vorgeben zu sein: Rechtspopulisten, vulgo »Nazi« genannt.

An dieser Stelle, an der man diese Leute symbolisch für alles Linke ansieht, wird gerne etwas durcheinandergebracht: Diese Frauen und Männer aus dem Karree, sie stehen dieser Partei der Linken ja gar nicht sonderlich nahe, halten sogar bewusst skeptische bis ablehnende Distanz zu ihr. Denn diese parteilich organisierten Linken schreien gemeinhin nicht befriedigt auf, wenn jemand behauptet, dass der Kommunismus erst den wahren Handel ausmache. Unter ihnen sieht das Karree nämlich linksliberale Umtriebe und lauter Angepasste am Werk, Frauen und Männer, die politisch häretische Kompromisse eingehen wollen und nicht der Wahrheit dienen, sondern dem Karrierismus. Weichgespülte Leute, die den Kapitalismus nicht mit Stumpf und Stiel ausrotten wollen, sondern selbst zum Rädchen im globalen Verbrecher- oder Schweinesystem, wie sie es gelegentlich nennen, umfunktioniert wurden.

Das aber wissen viele Wählerinnen und Wähler ohne Bezug zum linken Metier oft gar nicht. Sie entnehmen der Presse ja auch weiterhin, dass die Linkspartei unterwandert sei von Linksextremen, von Sektierern, von Maoisten, von K-Gruppen und weiß der Henker was es für Konfessionen da noch so gibt. Normale Linke und Fundamentalisten besetzen ja tatsächlich gar nicht so selten auch dieselben Baustellen, Letztere werden gar gelegentlich von der parteieigenen Stiftung unterstützt[4]. Und wenn dann mal wieder ein Parteilinker Verständnis für Schwarzblockwarte hegt, die marodierend durch die City stiefeln, könnte man ja wirklich glauben, dass da eine gewisse Nähe auf der Hand liegt. Dabei legen viele fundamentalistische Splittergruppen eher eine ökonomische Grundhaltung an den Tag, die sich ohne Schwierigkeiten in die neoliberale Theorie eingliedern ließe. Wir kommen nachher noch darauf zurück.

Diese an und für sich tolerierte Nähe zwischen realpolitischen Linken auf der einen Seite und Fundamentalisten auf der anderen, die ist, egal wie man es auch wendet, als eine Sackgasse für einen politischen Linksruck einzuordnen. Da kann das ökonomische Klima noch so günstig sein: Solange man die Partei der Linken mit Leuten wie jenen aus dem Karree in Verbindung bringt, verschreckt man die Wähler und treibt sie anderen Alternativen zu. Auch solchen, die keine sind, aber namentlich so heißen.

Die Kritik von konservativer Seite am linken Fundamentalismus ist mittlerweile Legion, man könnte fast sagen, dass es sich zu einem eigenen Genre der politischen Trivialliteratur gemausert hat. Obendrein könnte man behaupten, dass die Kritik an der Linken das nachhaltigste Erbe ist, das uns die 68er hinterlassen haben. Spätestens jedoch, seitdem mit der neuen Partei links der Sozialdemokratie die Gefahr einer Alternative zum feuchten Traumbild des Neoliberalismus drohte, gab es für dieses Metier neues Futter. Fortan warf man die Linken ganz generell und allgemein in einen Topf mit diversen K-Gruppen, der Antifa, links-, esoterischen Spinnern und wer weiß was für Fraktionen noch. Ziel dieser neuen Linkenhatz war es, die Linksliberalen, die Gewerkschafter und traditionellen Sozialdemokraten gleich mit den Fundis und Feuerköpfen aus dem Bade zu schütten.

Um die Zeit, da sich die Linkspartei nach und nach als Oppositionskraft etablierte, erblickten einige Bücher das diesige Licht der Kaufregale, die sich belletristisch an der linken Gefahr abhangelten. Der Wirtschaftsjournalist Christian Rickens etwa sprach der Linken zwar ein Lebensgefühl zu, riet ihr aber zu neoliberaler Transformation[5]. Weniger sachlich gab sich Götz Aly, heute Historiker, früher mal 68er, der die damalige Bewegung mit dem »erwachten Deutschland« von 1933 verglich und darüber hinaus der heutigen Linken bescheinigte, dass sie sich im Grunde überlebt hätte[6]. Als absolutes Paradebeispiel eines solchen Machwerks kann man allerdings Jan Fleischhauers »Unter Linken: Von einem, der aus Versehen konservativ wurde« anführen[7]. Darin unterstellt der *Spiegel*-Journalist den Linken grundsätzlich Larmoyanz und einen verstellten Blick auf die Welt. Bei vielem trifft er sogar – wie auch seine Kollegen aus diesem literarischen Genre – voll ins Schwarze. Man werfe nur einen Blick in all die Karrees bei mancher Demo, in denen sich das jugendliche Ungestüm mit dem in die Jahre gekommenen Dogmatismus verquirlt. Dann ahnt man schon so ein bisschen, dass nicht jeder konservative Kritikpunkt Nonsens ist. Problem bei Fleischhauers »Analyse« war nur, dass er explizit alle Linken meinte, dass er diese Fundis *pars pro toto* servierte und allen anderen mit vorhandenem Realitätsbezug unterstellte, sie hätten gleichwohl eine Wahrnehmungsstörung – wie eben jeder, der in linken Kategorien politisiert. In seiner Kolumne auf Spiegel Online machte er besonders in jenen Jahren wöchentlich Stimmung gegen auch nur sanft sozialdemokratische Anklänge und kanzelte sie als völlig überzogenen Linksradikalismus ab. Jede soziale Idee gleich als Fundamentalismus zu deklarieren: Fleischhauer hat es darin nachhaltig zu einer simplifizierenden Meisterschaft gebracht.

Er tat das freilich, wie eigentlich jeder konservative Kritiker an der Linken, nicht nur aus dekadenter Langeweile heraus oder weil die Opfergruppe gerade günstig im Kurs lag. In Mode ist es ja noch immer, die Linke spöttisch auseinanderzunehmen. Aber Leute wie Fleischhauer setzten einst diesen Trend, sie folgten ihm nicht einfach nur. Sie dockten an die ökonomische Lehrmeinung an, die jeden Impuls aus der eher linken Ökonomie pathologisierte und als längst überholte Ansicht lächerlich machte. Wenn man die Linken allesamt wie eine Bande wirrer Antifa-Leute hinstellte, dann diente es diesem Kurs der Diskreditierung ganz ungemein. Und so geschah es.

Man sollte die Kritik bestimmter linker Tendenzen aber auf gar keinen Fall denen überlassen, die politisch motiviert all das ausradieren wollen, was auch nur nach linker Tradition riecht, nach dem Stellen der sozialen Frage etwa oder der Rolle der produktiven kleinen Leute in der Gesellschaft, früher »das Klassenbewusstsein« genannt. Nein, die Betrachtung linker Eskapaden muss aus der Linken selbst kommen. Und das nicht etwa deswegen, weil es im linken Spektrum ja wohl biedere Tradition ist, sich in Detailfragen zu zersplittern und noch weiter ins Kleinere zu dividieren, sondern aus dem völlig gegenteiligen Motiv heraus: endlich als Alternative für ganz normale Wählerinnen und Wähler angesehen zu werden. Mit Leuten, die sich ständig nur im Karree abschotten, die narzisstisch mit der Moralkeule hantieren, politisch Andersdenkende im Wahn der eigenen Überlegenheit verprellen oder die eben voller libertärer Staatsverachtung sind, macht man nun mal keinen Staat. Dabei wäre das nötiger denn je. Ohne ihn kein ökonomischer Kurswechsel.

Allerdings ist es ja leider auch exakt dieses Thema, nämlich die Frage nach den Produktionsverhältnissen, für die sich das Karree so gar nicht interessiert. Da treibt manchen ganz anderes umher. Sich in diesem Milieu einzunisten, das hat vermutlich auch etwas von Avantgarde und Zugehörigkeit zu einer Gemeinschaft, die wider alle Irrtümer der Welt die ganze Wahrheit ins Auge gefasst hat. Unter der Allumsichtigkeit scheint es dort nicht anzulaufen. Damit ist das Scheitern vorprogrammiert. Und leider, muss man letztlich mit etwas Sorge feststellen, hat es in diesen Gefilden auch was von Verschwörungstheorie, die mal lauter, mal leiser zwischen den Zeilen ihre Abdrücke hinterlässt. Der Wahn der Weltrettung gebiert nun mal seine Vorstellungen – und ganz oft auch seine Wahnvorstellungen.

Dass das bei Herrn und Frau Omnes ein eigenartiges Gefühl hinterlässt, obwohl sie selbst in ihrem Alltagsverständnis der Dinge linke Ansichten pflegen, darf nun wirklich nicht verwundern. Denn was die linkskritischen Autoren gerne behaupten, nämlich dass wir in linken Zeiten lebten, ist nicht grundsätzlich falsch. Politisch und wirtschaftlich sind wir nicht links aufgestellt – aber viele Vorstellungen der Bürgerinnen und Bürger im Lande hören sich ganz verdächtig nach Linksruck an.

Die folgenden Seiten sollen den Versuch darstellen, die Gemengelage innerhalb der Linken aufzuklären und wer weiß, vielleicht sagt der eine oder andere letztlich sogar, dass die ganz normalen Linken wesentlich vernünftiger sind, als es die Fleischhauers da draußen in langen Jahren der Propaganda behauptet haben.

Kein Gespenst geht um

»Das Wort suggeriert sachlich unangemessen,
dass es bei einem Entscheidungsprozess von
vornherein keine Alternativen und damit auch
keine Notwendigkeit der Diskussion und
Argumentation gebe.«

– Gesellschaft für deutsche Sprache über das
Unwort des Jahres 2010: »alternativlos« –

Im Grunde sind das da draußen blühende Landschaften für Parteien, die programmatisch linke Konzepte feilbieten. Blühende Landschaften deshalb, weil eben nichts aufblüht, sondern ganz im Gegenteil, nach und nach so einiges verdorrt. Der öffentliche Sektor verkümmert zum Beispiel aufgrund der Mangeldiät des schlanken Staates. Das Sozial- und das Gesundheitswesen darben. Normale Arbeitsverhältnisse weichen geringfügigen Beschäftigungen. Und der Niedriglohnsektor ist dementsprechend der ganze Stolz der Eliten. Dieses eiskalte Klima prägt Deutschland schon seit etlichen Jahren und Jahrzehnten. Hätte in dieser Zeit eine Partei mal vom wirtschaftlichen Standpunkt aus die Arbeitnehmerseite vertreten, sogenannte Nachfrageökonomie betrieben, sie hätte eigentlich recht ordentlich punkten müssen und wäre so zu einem parlamentarischen Machtfaktor emporgestiegen.

Hätte gepunktet? Wäre emporgestiegen? Der Konjunktiv ist natürlich an dieser Stelle nur ein rhetorischer Kniff. Denn selbstverständlich gab es eine solche Partei. Es gibt sie sogar noch immer. Deutungshoheit außerhalb oppositioneller Diskurse hat sie jedoch nie erlangt. Obgleich sich in dieser Republik das frostige Milieu ausprägte, das für einen politischen und letztlich wirtschaftlichen Linksschwenk notwendig wäre, stecken wir noch immer tief und fest in der Angebotsökonomie. Konservativ zu sein ist weiterhin voll im Trend. Selbst die Studenten bekennen sich dazu[1] und reihen sich ein in jenen Stillstand, der vorgibt, der Zeitgeist sein zu müssen. Wegen der Alternativlosigkeit halt. Und sie sind konservativ, wiewohl das Leben als Student mitnichten einfacher oder gar billiger geworden ist. Man denke nur an die jahrelange Irrfahrt der vom neoliberalen Bildungsideal entgeisterten Politik und ihrer Studiengebühren. In Deutschland vererbt sich Arbeitslosigkeit ebenso wie ein Studium. Die postulierte Leistungsgesellschaft ist oft das glatte Gegenteil ihrer selbst.

Schade, es geht einfach kein Gespenst um in Deutschland. Obwohl es uns ganz gut täte. Es gab wohl kurzzeitig eine elitäre Furcht, dass da ein Spuk beginnen könnte. Bestätigt hat sich diese Angst allerdings keinesfalls. Die Linken fristen seit einer Dekade und länger ihr Dasein als Randphänomen im Bundestag. Als Marx einst sein Manifest mit eben diesem berühmten Satz vom umgehenden Gespenst einleitete, da kochte und rumorte es tatsächlich merklich in den europäischen Gesellschaften. Die brutalen Resultate der neuen ökonomischen Verhältnisse ließen ihn glauben, dass das Gespenst schon wabere und flackere. Teilweise hatte er insofern recht, als sich da eine Massenbewegung aufschwang. Überall entstanden sozialistische Parteien, die im Laufe der nächsten Jahrzehnte das Gesellschaftsbild prägten. Die Verhältnisse waren ein fruchtbarer Boden für progressive Tendenzen. Der ganz große Wurf nach der

Lesart Marxens, der Umsturz nämlich, die Auflösung des Kapitalismus im Kommunismus, das hingegen blieb aus. Bei jeder neuerlichen Krise in Europa schrie er trotzdem nochmal kurz auf, dass es nun eintreten würde, ja eintreten müsse. Aber da irrte der Marx, solange er strebte. Er war eben auch nur ein Mensch.

Letztlich ist die aktuelle Szenerie auch gespenstisch ohne dieses so oft zitierte Gespenst. Nur aus dem gegenteiligen Grund. Es braut sich ja eben nichts zusammen. Und das ist fürwahr richtig unheimlich. Trotz Finanzkrise und dem in jenen krisengeschüttelten Tagen schüchtern vorgetragenen Eingeständnis, dass die herrschende Weltwirtschaft enorme Ungleichheit und Ungerechtigkeit fabriziere und darüber hinaus wie ein gigantisches Glücksspiel funktioniere, erlebte der Neoliberalismus ein »befremdliches Überleben«, um es mal mit einem bekannten Buchtitel aus der Feder Colin Crouchs zu sagen[2]. Toxische Papiere sind mittlerweile wieder in Kreditderivaten gebündelt. Die Party geht weiter, der Schampus läuft über, die Boni fließen. Und das politische Primat schwindet und schwindet und überträgt Entscheidungskompetenzen immer ungenierter gesetzlich nicht legitimierten Gremien aus der Wirtschaft. Diverse Freihandelsabkommen sind ja zum Beispiel tatsächlich nichts weiter als der Abschied der Politik aus der Entscheidungsberechtigung – im Hinterzimmer klärt sich dann der ganze Rest.

Alles sprach jedenfalls dafür, dass es sukzessive ein Umdenken geben könnte. Ja müsste. Eine linke Partei mit stark ausgeprägtem sozialdemokratischem Profil und gewerkschaftlicher Erdung betrat die Szenerie folglich ja auch. Noch fuhren die Medien zwar eine Kampagne gegen diese Linkspartei. Aber früher oder später würde sie sich schon ausreichend etabliert haben, um angehört und ernst genommen zu werden. Als dann die Krise kam, schien es so weit zu sein. Nicht wenige glaubten gar, der Kapitalismus sei nun drauf und dran, sich selbst zu erledigen. Dass die Kapitalisten noch jenen Strick verkaufen, mit dem man sie in der Folge aufknüpft, das stellte schon Lenin fest. Diese Krise, so glaubten viele, sei nun ein solcher Strick. Lange genug hat man am eigenen Niedergang ja gestrickt. Wie Marx hatten sich die Hoffenden getäuscht. Das ist übrigens ohnehin eine sehr abgeschmackte Vorstellung von den globalen Prozessen, die die systematische Dynamik unter den Teppich kehrt. Denn Systeme sind gewissermaßen sozialevolutionäre Konstruktionen. Man schafft sie nicht einfach ab. Aber zu diesem Thema weiter hinten mehr.

Wahr ist hingegen, dass der Kapitalismus nicht nur weiterhin entfesselt wütet, es hat sich in ihm nicht mal eine linke Alternative etabliert, sich kein neues progressives Bewusstsein über die ökonomischen Zusammenhänge durchgesetzt und politisch manifestiert. Wir machen einfach weiter, wie wir es seit Jahren tun. Immer weiter. Und vor allem: Immer *weiter so*.

Ob es denn nun an den Kampagnenjournalisten alleine liegt? Oder dann doch an diesem durch RTL und *Bild* so substanzlos unterhaltenen Wahlvolk? Vielleicht liegt es auch bloß an den Folgen, die das angebliche Ende der Geschichte (nach Fukuyama) der Linken bereitet hat. Verlierer sind eben nie sexy. Wir werden bestimmt einen Schuldigen finden. Die Linke allerdings, sie ist natürlich unschuldig. Oder nicht?

Es ist diese selbstgerechte Larmoyanz, gemischt mit etlichen anderen Spezialitäten, von denen noch die Rede sein wird, die mindestens genauso zum Versagen der Linken beitragen wie die eben genannten Punkte. Denn das ist es, was sich die Linke hier unterstellen lassen muss: Alles war bereitet für sie, für eine Renaissance und für einen Wendepunkt zu mehr Progressivität. Sie aber findet weiterhin als Nischenexistenz statt. Und das ist unser aller Problem. Besonders aber das Problem derer, die dieser Tage glauben, sie könnten mit Rechtsalternativen retten, was der Neoliberalismus verbockt hat.

Der Jürgen oder Warum er trotzdem Merkel wählte

Jürgen stimmte mir und meinen Genossen, wie er sie oft im Spaß nannte, in vielen Punkten zu. Die Linken hätten schon ganz richtige Ansichten. Jedenfalls lägen sie mit ihrer Kritik nicht immer ganz falsch. Wer kann denn auch was gegen den Mindestlohn haben, wenn er selbst jahrelang unter diesem Standard arbeitete? Jürgen schuftete vor einigen Jahren mit mir in der Gastronomie. Auf geringfügiger Basis. Er war damals schon um die sechzig, stockte seine nicht gerade üppige Frührente mit Cateringfahrten auf. Knochenarbeit für ein Zubrot. Vorher hatte er als Schriftsetzer gearbeitet. Bis die Branche quasi von der Bildfläche verschwand. Ein Modernisierungsverlierer, wie man im Ökonomenschwätz sagt.

Der Mann kam ganz ohne Zweifel aus der Arbeiterschicht, was er mir auch damit bestätigte, dass seine Eltern immer die Sozialdemokraten gewählt hätten. Willy Brandt war ihr Star. Klassische linke und gewerkschaftliche Forderungen konnten ihn schon deshalb zwangsläufig nicht kaltlassen. Außerdem wusste er aus der Empirie seines Lebens ja, wo man landen konnte, wenn man dazu verdammt war, im Schweiße seines Angesichts für seinen Lebensunterhalt zu schuften.

Er und im Grunde sein ganzer Bekanntenkreis gehörten ja zu den Säulen der Gesellschaft, auch wenn das in der Öffentlichkeit ganz anders dargestellt wurde. Dort kamen Leistungsträger nicht als Lieferanten wie er vor, sondern als dicke Fische, die als Mitglied der oberen Zehntausend absahnten und Steuerzahlungen für einen staatlichen Beutezug zur Stabilisierung der Diktatur der Unterschicht hielten – und die sich diesen Steuernihilismus auch noch intellektuell verbrämen ließen[3]. Jürgen war jetzt als älterer Herr im Dienstleistungsgewerbe ein unter schwerem körperlichen Einsatz schuftender Träger des Systems. Er karrte Mittagessen in nicht barrierefreie Schulen und Kindergärten, mit schweren GN-Edelstahlbehältern beladen ging es für ihn treppauf und treppab. Er war gewissermaßen ein Rädchen im Betreuungsangebot, das Staat und Zivilgesellschaft für schulpflichtige Kinder mehr schlecht als recht machten und privaten Versorgern überließen. Würden Leute wie er sich nicht auf solche Arbeitsstellen bewerben, bräche das ohnehin wackelige System zusammen und erwerbstätige Eltern, dieselben übrigens, die Leute wie Jürgen eher verächtlich als gescheiterte Botenexistenzen behandelten, diese Eltern müssten sich nach einer anderen Betreuung für ihr Sonnenscheinchen umsehen.

Insofern sah sich Jürgen, trotz seiner Randexistenz am Arbeitsmarkt, durchaus auch als systemrelevanten Typen an. Als Leistungsträger – immerhin trug er ja Mengen an Essbarem durch die Gegend. Ohne Leute wie ihn ging es nicht. Für ihn waren deswegen auch die Reinigungskräfte des Gastronomiebetriebes, für den er sich verdingte, keine Gescheiterten oder Abgehängten. Sie hatten eine wichtige Aufgabe im Gesamtkomplex. Einer musste ja auch putzen. Sonst ersticken am Ende alle im Dreck. Warum sollte eine solche Arbeit nicht genauso angesehen sein, fragte mich Jürgen oft rhetorisch. Doch wohl nur, damit man sie derart weit unter dem Wert bezahlen kann, dass der Lohn am Ende wie ein Taschengeld aussah. Da hatte Jürgen tatsächlich ein sehr ausgeprägtes Rechts- und Moralverständnis. Früher hätte man das auch Klassenbewusstsein genannt. Er war so vom Typ her ein traditioneller Gewerkschafter des Herzens, tatsächliches Mitglied einer Gewerkschaft war er allerdings nicht.

So gesehen war der Mann also für linke Politik und Anregungen offen. Ihm war auch klar, dass die nachfrageorientierte Ökonomie keine Lobby hatte. Natürlich sagte er es nicht so. So einen überkandidelten Duktus vertrug er gar nicht. Wenn er allerdings behauptete, dass die Situation für die kleinen arbeitenden Leute immer schlechter würde, dann meinte er damit genau das, was Experten zuweilen kritisieren: Die Angebots-ökonomik dominiere den Exkurs.

Bei mir müsse er allerdings aufpassen, erklärte er oft augen-zwinkernd. Ich und meine Genossen, die würden uns alle noch zu Kommunisten umdrehen wollen. Natürlich waren das infan-tile Scherze, die das Arbeitsklima auflockern sollten. Aber so ein bisschen Wahrheit steckte wohl drin, denn die Partei »Die Linke« war für Jürgen gar keine Option. Und das, obgleich sie ja in ihrer ökonomischen Ausrichtung mit den Ansichten Schritt hielt, die auch er als richtig erachtete. Am Donnerstag vor der Bundes-tagswahl 2013 gestand mir Jürgen dann gar, dass er am Sonntag für die Bundeskanzlerin stimmen würde. Sein Motiv: Uns gehe es trotzdem ja noch relativ gut. Ein Blick ins Ausland, auch ge-rade zu den europäischen Nachbarn in Spanien oder Griechen-land, bestätige dies doch nur. Außerdem sei es für ihn auch eine Sache des Vertrauens, sie zu wählen.

So war er der Jürgen. Ein feiner Kerl, aber manchmal ein biss-chen irrational. Das ganze Jahr über erzählt er einem was von Ungerechtigkeiten auf dem Arbeitsmarkt und im Sozialwesen, von gesellschaftlichen Verwerfungen und Schweinereien, selbst steckte er auch mit einem Bein in der Misere, aber am Ende kreuzt er die Partei an, deren oberste Repräsentantin wie keine andere für Sozialabbau und Privatisierung steht, die eine mode-rate Steuerpolitik für Reiche anbot und den Niedriglohnsektor als Werk ihres Vorgängers nicht nur hinnahm, sondern bewusst ausbaute.

Dieses Phänomen kennen sicherlich viele Linke. Sie erleben, wie Werktätige und Arbeitslose ihnen recht geben, erleben, dass die Schwerpunkte, die die Linke, ob als Partei oder als grund-sätzliche politische Richtungsangabe, im Wesentlichen von den Menschen als richtig eingestuft werden. Ob nun mehr sozialer Ausgleich oder die Einhaltung demokratischer Prozesse, ob bessere Mitsprachebedingungen im Arbeitsalltag oder striktere staatliche Regularien zur Bändigung eines allzu freien Marktes: All das unterschreibt einem die Mehrheit derer, die man früher noch als Proletariat bezeichnet hätte. Gewählt wird am Ende aber dann trotzdem konservativ. Und was noch schlimmer ist: neoliberal. Man wählt aus irgendeinem sadomasochistischen Drang heraus glatt das Gegenteil dessen, was man eigentlich möchte – und was man auch schon als für sich selbst besser begriffen hat im Vorfeld des Urnenganges.

Jürgen war dabei vielleicht der typische Merkel-Wähler. Kein Konservativer im klassischen Sinne, kein vertrockneter Jammerer, der die Union wählte, weil er sie als letzte Bastion vor dem Untergang wähnte. Er war stets höflich, spaßig und kollegial. Aber im Umgang mit Obrigkeiten leider duckmäuserisch. An reger Phantasie mangelte es ihm zudem, sodass er höchsten Wert auf jene Strukturen legte, die er von jeher kannte. Was nicht in den bekannten Zügen strukturiert ist, würde er sofort als Chaos titulieren. In dieser Beziehung war er freilich spießig. Aber jeder hat ja so seinen Spleen. Zumindest las er in jenen Jahren nie die *Bild*, dafür guckte er viel Plasberg und Jauch und glaubte sich bei den »öffentlich-rechtlichen Bedürfnisanstalten« umfassend informiert. RTL sah er stets kritisch. Aber er guckte es dennoch gelegentlich. Was ihn teilweise politisch beschäftigte, das waren die Nebelkerzen, die der Mainstream in seinen vielen Formaten ausbreitete, die aber bei genauer Betrachtung eher Nebensächlichkeiten waren.

Ich erinnere mich, dass ich mit ihm mal darüber debattierte, wo der Markt zu enden und die staatliche Obhut anzufangen habe. Bei der Energiepolitik zum Beispiel. Oder bei der Wohnungspolitik. Im Gesundheitswesen ohnehin. Es gäbe nun mal schlicht Bereiche, in denen sei eine reine Ausrichtung nach armseligen Methoden der Kosten-Nutzen-Analytik nicht haltbar. Jürgen überlegte eine Weile und gab mir dann recht. Mensch, er habe ja auch nichts gegen die Linken, sagte er in solchen Momenten. Wagenknecht sei hochintelligent und auch so als Mann könne er ihr was abgewinnen. Und über Gysi lacht er ja auch gerne, der sei als Typ einfach genial. Lafontaine fand er jetzt zwar nicht so sympathisch, aber trotzdem habe der Mann eine grandiose Begabung, die Dinge auf den Punkt zu bringen.

All das hätte ihn ja eigentlich in ein anderes Lager bei der Bundestagswahl treiben müssen. Aber Pustekuchen! Angela Merkel hatte auch ihm vorgemacht, dass sie den Laden gut im Griff habe und an sich ja eine sozialdemokratisierte Union führe. Manchmal wollte ich seinerzeit den Jürgen würgen, um ihn zur Besinnung zu bringen.

Die Linken in Deutschland, so meinte Jürgen dann und wann, haben eben ein großes Problem: Sie seien schon mal gescheitert. Er meinte damit logischerweise den real existierenden Sozialismus. Der war eine gute Idee an sich, entgegnete er, aber halt auch so weltfremd. Gegenwärtig schreckten ihn all diese Spinner in der Partei der Linken oder jedenfalls in deren Umfeld ab. Und lese man nicht immer noch in der Zeitung, dass die Linkspartei eigentlich nichts weiter als die Nachfolgepartei der SED sei? Die Mauertoten halt, immer wieder kamen die Mauertoten genau dann bei Jürgen zur Sprache, wenn er merkte, dass er eigentlich für diese Linkspartei votieren müsste. Von dort aus kanzelte er auch die vermeintlichen Heuchler der Linken ab: Denn was soll man eigentlich von Linken halten, die mit dem Porsche vorfahren oder sich eine Villa zulegen? In Jürgen akkumulierten all diese bekannten Einwände und Vorwürfe, die man den Schmuddelkindern von links angeheftet hatte in vielen Jahren der inszenierten Schmähung.

Nach den Protesten und Ausschreitungen im Zuge der Eröffnung des neuen EZB-Gebäudes im März 2015 regte sich Jürgen maßlos über die Ereignisse in den Straßen Frankfurts auf. Natürlich wusste er, dass die Europäische Zentralbank keine Einrichtung für die hart arbeitenden Menschen war, keine demokratische Musteranstalt der Mildtätigkeit. Aber was da geschah, dieser Krieg gegen Polizisten unter Inkaufnahme von Verletzungen, das machte ihn für linke Alternativen nicht gerade offener. Er wusste natürlich, dass auch im Umfeld der Linkspartei um die Gunst linkssektiererischer Gruppierungen gebuhlt wurde. Von der Hand weisen konnte man diesen Gedankengang nun tatsächlich nicht. Es verteidigen dann auch einige Parteigenossen das, was diese Horden von Spinnern seinerzeit in Frankfurt veranstaltet hatten. Und das hessische Innenministerium warf der Partei vor, einigen dieser linken Rowdies etwaige Räumlichkeiten für die Vorbereitung auf die Krawalle bereitgestellt zu haben.[4]

Schließlich ist Jürgen also wie so viele andere einerseits den neoliberalen Kampagneros erlegen, die ihre angebotsorientierte Sicht von der Welt als Vernunft hinstellen. Deren offenes Linken-Bashing überhörte er zwar größtenteils, er folgte lieber den stillen, sich besonnen gebenden, leicht süffisanten Linken-Kritikern. Die latente Sozialstaatsfeindlichkeit nahm er überdies als Sachzwang wahr. Dass die Neoliberalen das Zusammenleben der Menschen als reine Geldfrage ansehen, hinterfragt er nur, wenn man ihn daran erinnert, dass es doch mehr als das gibt. Ethische Bewertungen lässt die Begrenzung auf Finanzierbarkeiten zwangsläufig nur noch selten zu. Natürlich muss man sehen, wie etwas bezahlt wird – aber wenn das nicht mit dem moralischen Aspekt des menschlichen Miteinanders korreliert, dann betreibt man die methodische Sinnentleerung des organisierten Zusammenlebens, erklärte ich ihm. Ach, ihr hochtrabenden Linken immer, lächelte Jürgen, ihr meint es ja bestimmt gut, aber …

Tja – und andererseits hat er im Laufe vieler Jahre so manchen linken Protest erlebt. Dieses Chaotentum, das sich überheblich

und selbstverliebt gibt und letztlich jeden politischen Diskurs
daran scheitern lässt, kein Gespräch suchen zu wollen, sondern
es mit oberlehrerhafter Belehrung und unproduktiver Provoka-
tion der Polizei zu versuchen. Einen eher gewerkschaftlich ori-
entierten Charakter, wie Jürgen einer war und noch gut verkappt hinter der Resignation, die der alternativlose Zeitgeist
gebiert, wohl noch ist, können schwarze Blöcke einfach nicht
beeindrucken. Und wer diese Leute mit der Linkspartei in Verbindung bringt, der hat gleich noch weniger Laune, sich für sie
bei einer Wahl zu entscheiden.

So wählte Jürgen eben keine Partei, die besser für ihn gewesen wäre. Er wählte gegen seine Interessen und ahnte es auch,
denn Merkels Kümmerinnenkurs war schon 2013 im Bröckeln
begriffen. Aber das schlechte Gewissen nach Jahren der Kampa-
gnen gegen die Linkspartei machte das möglich. Und ziemlich
sicher auch die Spinner am linken Rand. Jedenfalls verstärkten
die mindestens Jürgens Entscheidung. Blöderweise spielt sich
das alles in Zeiten ab, da linke Politik, nachfrageorientierte Ökonomie und alternative Konzepte eigentlich Hochkonjunktur gehabt hätten. Ja – und noch immer haben müssten.

DSDWWL:
Deutschland sucht den wirklich wahrsten Linken

Im Roman *Neue Vahr Süd* von Sven Regener leistet die Hauptfi-
gur Frank Lehmann unter der Woche seinen Wehrdienst in Bre-
men ab und pennt am Wochenende in einer jener links ange-
hauchten Wohngemeinschaften, wie es sie in den späten
Siebzigern oder frühen Achtzigern noch gab. Bei einem abendli-
chen Gespräch in der WG lobt ein offensichtlich ziemlich links
orientierter Mitbewohner die Friedfertigkeit des Sozialismus

und die pazifistischen Absichten der Nationalen Volksarmee in Ostdeutschland. Als Lehmann recht naiv fragt, wie man dann die erhöhte Bereitschaft zum Wochenenddienst erklären könne, die die Soldaten aus der DDR angeblich an den Tag legten, springt der linke Kerl total entrüstet auf und erklärt, dass unter diesen Umständen der Dialog für ihn beendet sei. Das sei ihm zu faschistisch. Schönen Abend noch.

Diese Szene deckt sich durchaus mit meinen persönlichen Erfahrungen. Ich habe ja lange einen Blog mit spezifisch linken Themen betrieben und dort sammelte auch ich dann und wann solche Eindrücke. Ich hatte es dort mit Leuten zu tun, die tatsächlich wie linke Sektierer auftraten. Einige erzählten in den Kommentaren, die sie absonderten, etwas von steinzeitsozialistisch eingefärbten und asketischen Lebensmodellen, die jetzt unbedingt nötig würden, wolle die Menschheit überleben. Die schönen Konsumwelten mit ihren Hochglanzstyles jedenfalls, in denen wir uns heute bewegten, die beinhalteten keine Zukunft mehr. Bescheidenheit sei eine Zier. Weniger Wohlstand ein Gebot der Gerechtigkeit. Etwaige entbehrungsreiche Polpotismen füllten tatsächlich manche Kommentarspalte.

Andere warfen mit stramm kommunistischen Parolen von anno dunnemals um sich. Nachhaltig in Erinnerung blieb mir die Formulierung von der »wärmenden Flamme des Kommunismus«, die jemand als bildhafte Metapher verwendete. Diese virtuelle Komintern, die sich dort gelegentlich die Ehre gab, warf mir dann auch vor, dass ich im Grunde auf kapitalistischen Irrwegen wandle, weil ich nicht mehr, wie in den Anfangsjahren meiner bescheidenen Bloggerexistenz, eine entmonetarisierte Plattform anböte, sondern mit meinen publizierten Texten Geld verdienen würde. An diesen Kritikern verdiente ich freilich gar nichts, die Texte waren ja gratis – und sie sollten es ja auch für sie bleiben. Aber weil ich Werbung setzte oder für Tageszeitungen Artikel schrieb: Das würde mich Glaubhaftigkeit kosten und das Bisschen an Reputation, das ich mir bislang verdient hätte, ins Gegenteil verkehren.

Was mich an diesen Kommentarkommunisten stets besonders ärgerte, das war diese Arroganz, die Geworfenheit des Einzelnen in die kapitalistischen Wirkmechamismen als jeweilige personalisierte Charakterschwäche herunterzuspielen und sich selbst mit diesem Trick zu Outsidern zu stilisieren, die sie aber nicht sind, nie waren und auch künftig nicht sein können so mitten in diesem systemischen Alltag.

Zwischen den Befürwortern der Steinzeit und des antiquierten Kommunismus siedelten sich diverse altautonome Kommentatoren an, die irgendwie ständig damit beschäftigt waren, ihre persönliche politische Lebensleistung vor den Angriffen ihrer politischen Nachkommen zu retten. Dass sie sich dabei in die eigene Tasche logen, war durchaus wahrnehmbar. Die Überhöhung ihres antiautoritären Rigorismus setzten sie wider jede Lebenserfahrung in Szene. Polizisten und Faschisten waren für sie stets derselbe Nenner in der Bruchrechnung ihres politischen Lebens. Und mancher von ihnen trat auf, als müsse er wie um sein Leben um die absolute Deutungshoheit seiner Ansichten ringen. Einen Ansichtspluralismus sah dieser Kampf um die Wahrheit und nichts als die Wahrheit nicht vor.

Eine weitere Spezies aus dem linken Metier, die sich hin und wieder zum Kommentieren einfand, waren esoterisch verbrämte Erleuchtete, die den festen Boden unter ihren Füßen verloren hatten und in ein Nirwana ohne irdische Problemstellungen entschwebten. Wie teils wirklich bösartige Bodhisattvas strebten sie nicht etwa nach Erkenntnis, sondern gingen ihre Diskussionspartner verbal unflätig an. Natürlich führten sich auch einige aus dieser Fakultät mehr als anständig auf, erzählten nur etwas von *Good Vibrations* und positiven Energien, die man nur umsetzen müsse. Besonders unangenehm waren allerdings ein Schamane und seine Jünger irgendwo aus der hessischen Provinz, die sich als unfehlbare linke Lebensweisheiten auf zwei Beinen gerierten und jeden anderen Lebensansatz als Verrat am Plan des Einklangs der Menschheit mit der Natur abtaten.

Natürlich hatte ich dann auch in den sozialen Netzwerken viele »Freunde«, die sich der Linken so oder so zurechneten. Selbstverständlich auch solche der oben genannten Kategorien. Was da so abgelassen wurde und wird, das ist so hanebüchen, dass ich mich teilweise wirklich in aller gebotenen Nachhaltigkeit fremdschäme.

Ja, ich spüre es an mir selbst, welchen Eindruck eine solche Zurschaustellung politischer Absichtserklärungen auf die Jürgens im Lande haben musste. Wie schon gesagt, diese ganz speziellen Linken haben nicht alle ein Parteibüchlein, sind also nicht Parteimitglieder bei der Linkspartei. Manche schimpfen und hadern ja sogar mit ihr. Aber für die Menschen im Lande sieht es eben viel zu oft so aus, als wären Partei und Sektierer eine Suppe. Und teilweise ist das nicht nur ein dummes Vorurteil, das auf Denkfaulheit der Jürgens gründet. Zum Teil bemühen sich die Partei und parteinahe Instanzen durchaus um diese Leute. Oder subventionieren sie sogar.

In den sozialen Netzwerken scheint tatsächlich so eine Art DSDWWL ausgebrochen zu sein. Ein Wettbewerb namens »Deutschland sucht den wirklich wahrsten Linken«. Ständig liegen sich da Leute, die grundsätzlich dieselben Ziele verfolgen, in den Haaren und werfen sich vor, den Weg der Tugend verlassen zu haben. Keiner ist links genug und jeder der Feind. Und wer das fragile Moralverständnis, das man sich selbst als höchste innere Verfassung verliehen hat, auch nur touchiert, der ist raus, für den gibt es keine Existenzberechtigung innerhalb der Linken mehr. Ein Recall ist dann so gut wie ausgeschlossen.

Diese linken Savonarolas suchen nicht den Dialog. Sie suchen die Schelte. Am Anderen bauen sie sich auf. Was der jüdische Religionsphilosoph Martin Buber unter anderem mit dem Satz

»Der Mensch wird am Du zum Ich«[5] zu formulieren versuchte, greifen sie in einer im buberschen Sinne pervertierten Form auf. War für den Philosophen nur die Zwiesprache mit dem oder der Anderen die Grundsteinlegung, um sich selbst als Ich, das heißt als Mensch gewahr zu werden, so ist es für die genannten Eiferer die verweigerte Zwiesprache und der dialogische Eskapismus, an dem sie ihre Selbstwahrnehmung schleifen und polieren. Indem sie den anderen die Integrität aberkennen, machen sie sich ihres Ichs bewusst. Dass das nur ein kümmerliches Ego ist, können sie nicht wissen. Wer soll es ihnen denn sagen, wenn sie mit keinem quatschen?

Der ehemalige Parteivorsitzende der Sozialdemokraten, Sigmar Gabriel, hat mal behauptet, dass er die Ost-Linken eigentlich schon für koalitionsfähig halte, während er das der West-Linken nicht nachsagen könne[6]. Natürlich verursachte das einen Aufschrei – vor allem unter den oben genannten Gruppen. Das belegte zudem die Irrationalität dieser Leute. Einerseits jammerten sie stets, dass die Linkspartei für sie nicht radikal genug sei. Wenn aber dann andererseits ein Sozialdemokrat fehlende entradikalisierte Koalitionsvoraussetzungen mit dieser Partei attestierte, war man trotzdem sauer. Dann rief man erbost, dass der Mann ja bloß die Linke spalten wolle. Was vielleicht sogar zutreffend ist, aber eben nur die halbe Wahrheit darstellte. Denn dieser Vorwurf setzte ja voraus, dass es jemals eine einige Linke im Westen gab. So oder so: Tatsächlich konnte man der Aussage Gabriels etwas abgewinnen. Ost und West wächst bekanntermaßen in vielen gesellschaftlichen Bereichen nur ziemlich schwerfällig zu einer Einheit zusammen. Innerhalb der Linken treffen auch da Welten aufeinander.

Im Zuge meiner publizistischen Tätigkeit habe ich logischerweise auch einige Linke aus dem Osten des Landes kennengelernt. Menschen, die nicht unbedingt direkt mit der Partei der Linken zu tun haben, durchaus aber in geistiger Nähe zu ihr stehen. Natürlich ist diese Wertung rein subjektiv, aber mit ostdeutschen Linken komme ich besser klar. Sie sind realistischer, sind weniger eindimensional und anmaßend. Ich würde sie aber auf keinen Fall als beliebige Realos einstufen, die jedem Trend hinterherlaufen. Sie sind einfach nur nicht so idealistisch, darüber den Grund und Boden zu vergessen, auf dem wir stehen. Sie wissen von der Unmöglichkeit reinen Lebens, um mit Ernst Toller zu sprechen. Haben Verständnis dafür, dass Menschen im Kapitalismus nicht dauerhaft die Revolution ausrufen und glauben ohnehin, dass es mit Revolutionsromantik nicht weit her ist. Den radikalen Altruismus, den Linke aus dem Westen des Landes gerne im Munde führen, teilen sie eher nicht. Diese Lockerheit geht den linken Wessis leider ab. Alles eine Frage der Sozialisierung halt.

Die Geschichte der westdeutschen Linken, so könnte man auch sagen, ist eine Geschichte von Wohlstandsproblemen. Immer gewesen. Was die Kritiker des neuen linken Geistes innerhalb des kapitalistischen Sektors der Welt, der unter dem Sammelbegriff der *Neuen Linken* firmierte, schon in Zeiten ihrer Entstehung als Vorwurf vorbrachten, nämlich dass es sich um ein Schaulaufen wohlsituierter junger Männer und Frauen handelte, stimmte zum Teil durchaus.

Zwar handelte es sich niemals um ein Schaulaufen im Sinne eines Catwalks, man muss den jungen Leuten schon mehr als bloße Eitelkeit nachsagen. Aber existenzielle Gerechtigkeits- und Verteilungsfragen blieben schon in den Sechzigerjahren weitestgehend außerhalb der Debatten. Und sie sind es bis heute geblieben. Aber gleich, im nächsten Kapitel nämlich, noch mehr zu diesem Missstand.

Man kann es resignativ auch so betrachten: Selbst wenn all die Jürgens dieser Republik sich dann irgendwann doch nach links wenden würden beim Urnengang, selbst wenn es demnach ein breiteres Fundament für eine parlamentarische Linke gäbe, einem großen Teil der parteilichen Basis und der Sympathisanten ginge es wohl auch dann nicht um politische Verantwortung, um Gestaltungsauftrag und um eine etwaige Regierungsbeteiligung. Wegen der Moral und ihrer Reinheit nämlich. Viele von ihnen scheinen Politik ernstlich mit einem Seminar für moralische Grundfragen zu verwechseln. Einer Lehrstunde gewissermaßen, die man ungefragt jedem als Standpauke hält, dem es an einer gewissen linken Metamoral mangelt.

Moral ist freilich eine wichtige Sache, man sollte sie nie als überkommen abtun, als Zeitvertreib einer vergangenen Epoche etwa oder als aus der Mode gekommene Sozialromantik. Aber als rigoristischer Imperativ funktioniert sie bestenfalls nur, wenn Grundbedürfnisse befriedigt und gestillt sind. Der mittlerweile inflationär zitierte Spruch von Brecht, jener über Fressen vor der Moral, stimmt in seiner Chronologie eben doch. Das allerdings blenden viele Linke, von denen hier die Rede war und noch sein wird, ob nun wissentlich oder nicht, mit ziemlicher Regelmäßigkeit aus. Sie wollen den Materialismus überwinden. Dabei ist genau dieser der Brennstoff jeden linken Antriebs.

Der Postmaterialismus, das Fressen und die Moral

Es beschleicht einen zuweilen das Gefühl, dass das, was ich hier mal der Einfachheit halber als »linken Zeitgeist« auftreten lasse, heute mehr oder weniger eine Sache ist, die sich in symbolischen Protesten gegen Anschauungen richtet, die man selbst weder pflegt noch duldet. Anschauungen, die man im progressiven Sinne für rückständig und als Relikte überkommener Konventionen begreift und denen man, völlig zu Recht übrigens, mit allen gebotenen Mitteln entgegentritt und deren Gehalt man befehdet.

Linker Protest gegen Rassismus, Homophobie oder rechte Alternativen sind ja ganz ohne Frage und Zweifel gut und mit völliger Sicherheit notwendig. Man muss den Anfängen wehren. Einerseits. Es ist andererseits jedoch zu wenig, wenn linker Geist sich in Gegendemonstrationen erschöpft. Die Krise der Linken, so scheint es zuweilen, ist ihr Idealismus.

Position beziehen. Gegen die Rechten sein. »Den Faschisten keinen Fußbreit!« »Nationalismus raus aus den Köpfen!« Das sind alles so Parolen, die pathetisch klingen, im Kern ja auch zutreffend sind, die mich aber ratlos zurücklassen. Wenn sich linker Geist bloß daran erschöpft, sich als Angebot einer Gegendemonstration in Szene zu setzen, dann reicht das nicht aus, um wieder politische Deutungshoheit zu erlangen. Es ist nicht grundsätzlich etwas dagegen zu sagen, in ihrem Kern ist diese Haltung ja dringliche Opposition gegen Rechtsruck und bornierte Betonköpfe, die die moderne Welt immer noch mit den Rezepten aus längst vergangenen Chauvi-Nationalstaatstagen therapieren möchten. Gleichwohl werden ökonomische Gegenkonzepte aus dem linken Lager allerdings nicht so beseelt auf die Straße getragen wie all diese Anti-Rechts-Initiativen.

Und das ist meines Erachtens tatsächlich das große Dilemma, in das sich die Linke – nicht unbedingt die Linkspartei, die meine ich an dieser Stelle eher nicht – begeben hat. Sie führt sich als Ideal auf. Nicht als handfeste Alternative im Verteilungskampf. Dabei ist genau das ihr Metier immer gewesen. Heute kann man behaupten: Idealistisch läuft, materialistisch hinkt es.

Ich ahne natürlich schon die Widerreden, die sich da formieren könnten. Ob ich denn beispielsweise die Proteste gegen diverse Freihandelsabkommen vergessen hätte. Oder Occupy. Und das stimmt ja auch. Da ging es zu nicht geringen Teilen auch um die soziale Frage. Doch trotzdem, ich werde manchmal den Eindruck nicht los, dass Linkssein für einen gewissen Teil des sich so fühlenden Publikums, ein Konzept gegen die

Rechten ist. Sie sind, ganz vereinfacht gesagt, deswegen links, weil sie nicht rechts sein wollen. Das mag ja nun kein ganz so schlechtes Motiv sein – es ist jedoch viel zu wenig. Und es ist ferner nicht das, was ich mir unter einer eigentlichen Linken vorstelle und was die Linke, wenn man es mal genauer betrachtet, auch nie gewesen ist.

Das Konzept der Linken war von Anbeginn, als sich diese Richtungsangaben entwickelten, immer ein progressives Modell, dass sich der Verteilungs- und damit Machtfragen widmete und einen wie auch immer gearteten Ausgleich finden wollte. Es war ein materialistischer Ansatz, den Marx später zu einer ökonomischen Theorie verwurstete und die letztlich, nach dem bekannten Ausspruch, den romantischen Implikationen Hegels vom Kopf auf die Füße half[7].

Die linke Idee, inspiriert durch die Theorie der neuen Linken aus den Sechzigerjahren, wurde irgendwie von diesem materialistischen Ansatz gekappt. Natürlich ging es damals auch um die Machtfrage. Verteilungsfragen spielten da hinein, waren aber nie hauptsächliches Movens. Wie schon weiter oben gesagt, wahrscheinlich traf der Vorwurf des Establishments seinerzeit so ziemlich ins Schwarze, nämlich dass der studentische Protest als ein Aufruhr gutsituierter bürgerlicher Jungspunde angesehen werden müsse. Deswegen sahen diese jungen Frauen und Männer letztlich auch gar keine dringliche Notwendigkeit darin, etwaigen Fragen zur Umverteilung Priorität zu verleihen. Die Aufschwungsjahre haben sie gelehrt, die soziale Frage nicht überzubewerten. Paradoxerweise scheint sich dieser Impuls bis heute erhalten zu haben. Das ist ein blöder Traditionalismus, dem man schnell ein Ende bereiten sollte. Denn diese Agenda stellt ein Problem in Zeiten dar, in denen die Verteilung der materiellen Güter eine kaum zu zähmende Unwucht entwickelt hat.

Mit großer Sicherheit hat der damalige Antimaterialismus auch was mit dem angehenden Protest gegen eine konsumistische Welt zu tun. Diese Konsumkritik traf ja auch wiederum einen wahren Kern. Natürlich konnte der Erwerb von Waren keine Sinnstiftung sein. Werbung, Wirtschaft und Wirtschaftspolitiker machten den Bürgern nur etwas vor, wenn sie das so hinstellten. Man hatte es hier tatsächlich mit einem Stimulus zu tun, der eine sinnliche Leere ausfüllte, die in den Nachkriegsjahren und ihrer Spießigkeit entstanden war. Der Mensch war nun mal nicht die Summe seiner erworbenen Waren. Das zu befriedigende Bedürfnis war als existenzielles Manko zentral und nicht, wie man den Konsumenten jetzt weismachen wollte, als staunendes Einkaufserlebnis.

Die Revoluzzer kamen ja auch frisch aus jener Epoche der Bundesrepublik, die wir heute die »Zeit des Wirtschaftswunders« nennen. Mag sein, dass den Männern und Frauen in jenen Jahren vermittelt wurde, dass jetzt alle materiellen Ansprüche gewissermaßen befriedigt seien, dass nun jeder den Wohlstand des Habens pflegen könne und Entbehrung überwunden sei, womit man in eine Ära des Seins übergehen könne, von der ein späterer Buchtitel von Erich Fromm kündete[8].

Jenes Werk des Frankfurter Sozialpsychologen kann als Produkt der Konsumkritik der Sechzigerjahre angesehen werden. In ihm wird fälschlicherweise angenommen, dass es im menschlichen Kosmos eine strikte Unterscheidung zwischen Haben und Sein, also zwischen Materialismus und Idealismus gäbe – und dass ein Fortschritt der Menschheit nur gelingen könne, wenn die allgemeine Denkweise auf die Seinsebene schwenken würde. Wenn man es genau nimmt, so ist diese Differenzierung nichts anderes als eine profanisierte Version des Leib-Seele-Problems, das über die antike Philosophie griechischer Denker tief in die christliche Religion eindrang. Die zur Sünde erkorenen Körperfreuden, die körperfeindlichen Tendenzen, die in der Ablehnung der Sexualität als ordinäres menschliches Bedürfnis mündeten und denen man eine stärkere Gewichtung seelischer Ideale vorsetzte, zeugen von der religiösen Übernahme des vormals philosophischen Dualismus, der den Leib von der Seele oder das Physische vom Psychischen amputierte, wie entzündetes Gewebe vom Organismus.

Dass es innerhalb der Linken der westlichen Gesellschaften zu einer Maxime wurde, zwei Sphären menschlicher Lebensrealität zu schaffen, die sich materiell und idealistisch kennzeichnen und unterscheiden, kann man ruhigen Gewissens als konsequente Übernahme dieser alten Theorie ansehen, in der der Körper verdorben und böse und der Geist rein und gut ist, sofern er nicht von körperlichen Gelüsten vernebelt wird. Was den antiken Philosophen noch als Abstraktion galt, wurde ihrer Nachwelt zum konkreten Menschen- und Sittenbild. Und selbst die Linke, oft stolz auf die eigene eher atheistische Erdung, bewegt sich somit auf einem religiösen, ja auch mittelalterlichen Unterbau.

Die Kritik am Konsumismus war freilich nachvollziehbar. Auch notwendig. Dass sie aber von einigen derart radikalisiert wurde, dass man den Konsum ganz generell und ohne spezifische Analyse des jeweiligen Konsumverhaltens oder -guts als Anschlag auf den Fortschritt anklagte, das war ein exaltierter Ansatz ohne Wirklichkeitsbezug. Menschsein bedeutet eben auch, Dinge haben zu müssen, wie es seiner »natürlichen Künstlichkeit« – nach Entsprechung des Anthropologen und Soziologen Helmuth Plessner immerhin eines von drei »anthropologischen Gesetzen«[9] – aufgetragen ist. Der Mensch als nacktes Tier, so besagt dieses Gesetz in aller Kürze erläutert, bewegt sich zwangsläufig in einer Welt der Künstlichkeit, der erschaffenen Dinge und Werkzeuge, um existieren und vor allem auch, um überleben zu können. Die Haben-Komponente zu einer unteren Stufe menschlicher Existenz zu degradieren, das entspricht demnach gar nicht der *conditio humana*. Seine natürliche Nacktheit verpflichtet den Menschen fast schon zum Besitz von Zeug.

Was das Haben-Sein-Problem betrifft, so zeugt es wahrscheinlich nicht von der Umwertung aller, aber doch aller marxistischen Werte. Jedenfalls dem Sinne nach, dass das Sein das Bewusstsein prägt und so gesehen ein Primat innehat. Das Sein, von dem übrigens hier die Rede ist, war bei Marx begrifflich nicht als Gegensatz zum Haben deklariert, sondern als Sammelbegriff für die materielle Befindlichkeit des Menschen. Er war eben als dialektischer Materialismus gedacht. Man könnte auch sagen, dass bei ihm das Sein im Haben aufging und nicht als nächster Sprung zu einem neuen Evolutionslevel fungierte, wie das Fromm dann so eloquent herausarbeitete.

Man muss es nochmal betonen: Konsumkritik ist natürlich grundsätzlich kein Fehler. Sie sollte aber materialistische Wurzeln schlagen in dem Sinne, dass sie zum Beispiel nach den Produktionsbedingungen fragt, nach den Arbeitern, die ein Konsumgut herstellen, um von ihr dann gewissermaßen – mit welchem Erfolg auch immer – zum Beispiel eine ethische Kaufentscheidung abhängig zu machen. Aber den Kauf von Gütern grundsätzlich zu verteufeln und als Ausdruck eines falschen menschlichen Bewusstseins zum Schämen in die Ecke zu stellen, das ist weltfremder Quark, eine elementar falsche Ethik und entspricht auch gar nicht der menschlichen Vorbedingung.

Gerade heute wäre aber eine Linke ohne materialistischen Unterbau ein hinfälliger Anachronismus. Zur Stunde muss Linkssein im Hinblick auf die sozialen Verwerfungen eben wieder heißen, von einem dialektischen Materialismus ergriffen zu sein. Man muss es ja nicht übertreiben und dogmatisieren wie weiland im Osten unseres Landes.

... *cause we are living in a material world* – und wir sind alle zwangsläufig mehr oder weniger *material girls and boys*. Mit idealistischem Einsatz kann man diese *material world* zwar sicher etwas angenehmer machen, aber eben auch nicht recht viel mehr. Wenn Linke gegen die nach rechts tendierenden Sorgenbürger protestieren, machen sie es sich sicher angenehmer, weil man sich dann ganz allgemein einreden kann, dass es neben hässlichen Deutschen auch solche gibt, die ganz ansehnlich sind. Aber Probleme behebt man so nicht.

Vereinfacht gesagt: Wir brauchen wieder einen gesunden linken Materialismus, der sich gezielt zwischen Ökologismus und Konsumwahn einpendeln muss, damit er auch zeitgemäß ist. Die Linke muss, wenn man es genau nehmen will, nicht gegen diese Rechtsverrückten protestieren, sondern für sie: für deren materielle Besserstellung, für Arbeitsplätze, für Arbeitsschutz, einfach gesagt, für eine linke Ökonomie. Wenn diese Abgehängten nicht mehr das Gefühl haben, die großen Verlierer innerhalb dieser modernen globalisierten Welt zu sein, wenn sie sich von ihrem Lohn auch mal was Nettes gönnen können, entpegidarisiert man dieses Land sukzessive.

Die Agenda-Jahre waren eine Zeit der Arbeitsbeschaffung für linke Politik. Und trotzdem blieb man in dieser fruchtbaren Zeit ohne Ertrag. Wenn nicht nach dieser ABM, wann kommt denn dann der Linksruck?

Der dritte Weg: ABM für die Linke

Aber, aber, die strukturelle Linke in Europas Parlamenten, die Sozialdemokratie nämlich, die hat ja genau das gemacht – oder etwa nicht? Sie hat sich doch neu erfunden. Immerhin suchte sie, dem deutschen Namen eines Konzeptentwurfes nach, einen Weg nach vorne[10]. Oder aber einen dritten Weg – glaubte man dem englischen Titel. Dieses Papier verstand sich als Vorschlag zur zeitgemäßen Reform der Sozialdemokratie in Zeiten, da man sich am Ende der Geschichte und an der Ziellinie mit diesem gierigen Gewinner namens Kapitalismus wähnte. Man hatte die Absicht, die Auswirkungen neoliberaler Wirtschafts- und Politikkonzepte nicht mehr politisch zu bekämpfen und sich als Alternative hierzu anzubieten, sondern sich innerhalb der jetzt als unumkehrbar wahrgenommenen Lebenswirklichkeit neoliberalen Zuschnitts einen Platz als modernisierte Linke zu sichern. Der »marktkonformen Demokratie«, die sich zwar begrifflich erst später einen Platz im Almanach neuer Sprachkreationen sicherte, da aber schon als Konzept existierte, sollte von da ab nichts mehr entgegengesetzt werden. Man wollte viel mehr als linke Alternative in ihr aufgehen.

Zunächst strampelte man sich in jenem Papier zur sozialdemokratischen Zukunft an den guten alten Werten ab, die man natürlich erhalten wollte. Fairness sei notwendig, Gerechtigkeit modern, und Chancengleichheit wie Solidarität seien zeitlos. Der Marktwirtschaft sagte man außerdem die Unterstützung zu, der Marktgesellschaft allerdings nicht. So weit, so gut. Wie man das alles erhalten wollte, kam im Text so nach und nach zur Sprache. Und es ist das ganze trübe Programm, das seinerzeit im Thatcherismus schon Anwendung fand und im Schröderismus auch auf dem europäischen Festland um sich greifen sollte. Diese zur Vision vermarktete Visionslosigkeit war nichts weiter als der programmierte Absturz der strukturellen Linken speziell in Deutschland und hatte als Nebeneffekt die Reorganisierung der eigentlichen Sozialdemokratie in einer kleineren Linkspartei zur Folge.

Der Genosse der Bosse, wie man den damaligen Bundeskanzler Gerhard Schröder taufte, schlug mit seinem britischen Amtskollegen wirtschaftsfreundlichere Politik vor. Maßnahmen wie die Reform und strikte Einsparung auf dem Gebiet der Sozialsysteme oder die Flexibilisierung und Liberalisierung des Arbeitsmarktes sollten den Arbeitgebern höflichst entgegenkommen. Übergeordnete gesellschaftliche Ziele wollte man mit der Senkung insbesondere der Unternehmenssteuern gewährleisten, denn »Körperschaftssteuersenkungen [stärken] die Rentabilität und schaffen Investitionsanreize«, um hier mal aus dem Papier zu zitieren. Letzteres hat sich dann als feuchter Traum der Angebotsökonomen erwiesen. Es war nie ganz einsichtig, wie verstärkt in privater Hand zurückgehaltene Konzerngewinne dazu führen sollten, diese sogenannten »übergeordneten gesellschaftlichen Ziele« zu finanzieren, wenn sie nicht über Steuern umverteilt werden, sondern eben in der Obhut privater Unternehmen verbleiben.

Langer Rede, kurzer Sinn: Auf Grundlage dieses Papieres und der Einigung hoher europäischer Sozialdemokraten, das eigene Lager tief in die rechte Flanke der politischen Mitte rücken zu lassen, um es zu modernisieren, prägten die Schröder-Jahre jene soziale Ungleichheit, die von der Nachfolgerin des letzten sozialdemokratischen Bundeskanzlers dankbar aufgegriffen wurde. Wenn man es so ausdrücken will, könnte man schon behaupten, dass diese Reformen und Maßnahmen, die nach und nach initiiert wurden, eigentlich als eine gigantische Arbeitsbeschaffungsmaßnahme für eine Linke angelegt waren, die sich eben nicht in die Beliebigkeit der neoliberalen Alternativlosigkeit begeben, sondern eine gewisse rote Linie beibehalten wollte.

Und trotzdem: Geholfen hat es nichts. Die Linke und speziell ihr parlamentarischer Arm mit gleichem Namen strauchelten und sicherten sich fortan nur ein kleines Stückchen von jenem Kuchen, der an Wahlabenden den Zuschauern als Verteilungsdiagramm präsentiert wird.

Über Jahre hat sich das manifestiert, was man als Grundvoraussetzung eines – salopp gesprochen – Linksruckes bezeichnen könnte. Vom Steuersenkungsgesetz für Spitzenverdiener und Unternehmen bis zum Investitionsmodernisierungsgesetz zur nachhaltigen Verantwortungslosigkeit für Banken, von Steueramnestien für Steuerhinterzieher zum Finanzmarktförderungsgesetz betreffs weiterer strikter Deregulierung des Bankwesens, von der Aufhebung der paritätischen Aufstellung der Krankenversicherung über Hartz IV und dessen autoritärem und erniedrigendem Menschenbild bis hin zu einer Rentenreform, die die Umlagefinanzierung punktuell und vor allem moralisch diskreditiert zugunsten von Kapitalversicherungen, die private Versicherungskonzerne feilboten. Und das alles war bislang nur die Auflistung aus der Ära einer Regierung, die sich selbst als ihre rote-grüne Variante dem linken Spektrum zuordnete. Danach ging es ja mit der Verwaltung des Sozialabbaus unter konservativer Flagge weiter – die Sozis waren auch da noch als kleiner Koalitionspartner im Boot. All das waren Maßnahmen für einen Linksruck. Dass er bis heute nicht erfolgte, gibt Rätsel auf.

Das Schröder-Blair-Papier, wie man das Konzeptblatt zur inhaltlichen Gleichschaltung der europäischen Sozialdemokratie hierzulande nannte, war tatsächlich auch jener Moment, in der sich der linke Flügel innerhalb der altehrwürdigen Institution auflöste. Entweder verabschiedete er sich ins innere Exil, passte sich an oder suchte sich Alternativen. Eine von ihnen nannte sich dann auch »Wahlalternative Arbeit und soziale Gerechtigkeit«, kurz WASG, die dann in eine neuen Linkspartei mündete, die sich vor allem wirtschaftspolitisch betrachtet auf sozialdemokratischer Tradition gründete. Seither ist diese Partei eine gesetzte Größe im Bundestag, wobei man das Wort »Größe« hier nicht falsch interpretieren sollte, es meint an dieser Stelle eher: Sie ist immer dabei, aber eher so als Splitterfraktion. Und das trotz der seit Jahren dauerhaft an die Hand gegebenen Arbeitsbeschaffungsmaßnahmen seitens der Neoliberalen.

Dabei gäbe es eine wesentlich größere Unbekannte X, die für Konzepte aus dem linken Lager, jedenfalls was Arbeitsmarkt und Sozialwesen betrifft, offen wäre. Sie tummelt sich aber plötzlich auf der anderen Seite, wählt rechts aus Protest, weil es massive Zukunftsängste gibt, eine je und je durchbrechende Furcht davor, abgehängt zu werden. Wenn man es nicht gar schon ist, wenn man nicht schon seit geraumer Zeit von Hartz IV leben muss oder sein Dasein als Niedriglöhner in einem prekären Arbeitsverhältnis fristet. Dummerweise nennt sich der Protest selbst auch Alternative. Eine Alternative für Deutschland gar. Gemeint sind wir mit diesem Deutschland alle. Vor allem auch diejenigen, die diese AfD laut eigenem Parteiprogramm mit neuen Sparauflagen bedenken will: Arbeitslose, Alte und Behinderte. Alle diejenigen, die ja ohnehin schon in den letzten zwei Jahrzehnten mit Einbußen beglückt wurden und deren Interessen unter den Tisch fielen.

Hält man diesen zum Synonym für Dummheit gewordenen »AfD-Wählern« ein Mikrofon unter die Nase, erklären nicht wenige, dass sie diese Partei ja gar nicht wählen, weil sie sie besonders attraktiv finden oder weil sie Fremdenfeindlichkeit für einen guten Rat für die Zukunft halten. Sie erklären ihre Entscheidung mit Ärger und der Angst, weiterhin nicht gehört zu werden. Wahrscheinlich wissen einige von ihnen auch, dass sie irrational entscheiden und sich nach der Wahl nichts erhoffen dürfen. Aber mal ein Ausrufezeichen setzen gegen Agenda 2010, gegen das, was Merkel von ihrem Vorgänger übernahm, weiterschleifte und in ihrer legendären Spritzigkeit mit »Weiter so!« übertitelte. Denen einfach mal eine mitgeben, ihnen eins auswischen halt. So dumm die Entscheidung auch ist, manche finden das reizvoll, laben sich an diesem angeblichen Protest.

Und was tun so viele Linke in oder außerhalb der Partei? Sie führen einen Kampf um die Köpfe, der mit folgender Einsicht hausieren geht: Wer AfD wählt, ist dumm, ist ein Nazi, ist als Diskussionspartner unwürdig. Wer trotzdem diskutiert mit denen, und sei es eine linke Größe wie Sahra Wagenknecht, der muss mit Rufmord rechnen, mit dem Vorwurf, jetzt im rechten Lager zu fischen und sich beliebig zu machen. Ja, der kann gleich ganz in die AfD eintreten. Man muss sich solche Diskussionen in den sozialen Netzwerken nur mal antun. Dauernd wird die avantgardistische Attitüde bedient, da sind wir, die Guten und Klugen, und dort drüben sind die anderen, schlecht und dumm – wenn sie wenigstens die Klappe halten würden. Tun sie aber nicht, diese doofen Nazis.

Holt man auf diese Weise Leute aus dem Protestmodus heraus? Diese Menschen, nennen wir sie ruhig mal ein wenig despektierlich politisch Verirrte im Dschungel des Neoliberalismus, kriegen von den Linken nichts als Häme präsentiert, man entmündigt sie als ebenbürtigen Gesprächspartner und Mitbürger und man braucht nicht zu glauben, dass diese Verirrten so empfänglicher würden für einen linken Kurs in Politik und Wirtschaft. Man drängt sie noch mehr ab, obgleich viele von ihnen eben sehr wohl für einen höheren Mindestlohn, höhere Spitzensteuersätze und paritätische Aufstellung des Gesundheitswesens sind.

So verliert man diese potenzielle Basis dauerhaft. In einem Facebook-Dialog schrieb mir mal einer, dummerweise auch noch jemand, der sich in der Linkspartei engagiert, nachdem ich Bedenken um den Kampf der Köpfe geäußert hatte, dass man diese Leute gar nicht im eigenen Lager wissen wollte. Wer Nazis wählte, habe im linken Lager niemals mehr was verloren. Wer aber so wählerisch ist, bei dem sind die Wähler eben auch nicht wählerisch.

Machen die Linken in der und um die Partei aber weiter so, dann machen auch die Neoliberalen weiter so.

Weiter so?

Seit Jahren beschwert sich nun der eher realistische Teil der Linken, der dann noch ein bisschen Restinteresse für wirtschaftliche Fragen und die Verteilungsfrage aufbringen will, dass es hierzulande im Zeichen der Raute immer ganz so weitergehen werde. Es ärgert sie völlig zu Recht, dass die Bundeskanzlerin über einen Zeitraum von mehr als einem Jahrzehnt stets fast ohne Widerworte wiederholen konnte, dass dieses Land auf dem richtigen ökonomischen Kurs sei, während sie unter den Tisch fallen lässt, wie an allen Ecken und Enden gespart und geknapst wird und die Umverteilung strauchelt.

Diesen selbstgerechten Optimismus, der diverse Regierungserklärungen wider alle Erfahrungen mit dem neoliberal geprägten schlanken Staat und seiner daraus resultierenden Mangelwirtschaft im Hinblick auf neue Investitionen wie ein roter Faden durchzieht, veranschlagt man mittlerweile ganz zynisch unter dem Label des »Weiter so!«. Dieser Imperativ ist sozusagen die Präambel des modernen Staates, in dem die Politik das eigene Primat an sogenannte Sachzwänge, die von der Wirtschaft auferlegt werden, weiterreicht wie einen Staffelstab. Diese Haltung wird außerdem als die von Arroganz geprägte Parole einer politischen Funktionselite angesehen, die von den tatsächlichen Auswirkungen ihrer angebotsökonomisch beseelten Politik keinerlei Ahnung mehr habe. Und überdies auch gar nicht haben wolle.

Regierungserklärungen, in denen per Repetitio die Beharrlichkeit des Weitermachens ohne einen Blick über die Schulter gepredigt, in denen anhaltend betont wird, dass es den Deutschen so gut gehe wie niemals zuvor, führen nun also seit geraumer Zeit links des Mainstreams zu chronischem Kopfschütteln. Welche Deutsche obendrein gemeint sein könnten, wenn Kanzleramt, ifo-Institut oder die Initiative Neue Soziale Marktwirtschaft (INSM) mal wieder Zuversicht streuen, weil sie mal wieder die gute Stellung der Menschen hier unterstreichen, bleibt fraglich. Oder auch nicht: Denn Hartz-IV-Leistungsberechtigte sind ganz sicher nicht gemeint. Selbst Arbeitnehmer in sogenannten normalen Arbeitsverhältnissen sind wohl eher nicht Adressaten solcher Meldungen. Sie dürfen es zwar gerne glauben, das kostet ja nichts, aber Anspruch auf eine optimistische Prognose mit realistischem Bezug haben sie freilich nicht. Und so scheut man sich, ihnen zu sagen, dass seit Jahren ihr Lohn stagniert und dass diese Lohnzurückhaltung auch seinen Teil dazu beigetragen hat, dass Europa als Einheit einen Riss bekam. Denn es ist diese Mentalität der Billigheimer und Discounter, die Deutschland zur Exportmacht verhalf und den Rest des Kontinents zu Importeuren mit wachsenden Arbeitslosenzahlen machte.

Dass die Richtlinienkompetenz im Hosenanzug aber nun seit ihrem Amtsantritt so tue, als sei alles fein arrangiert und angerichtet, um weiter, immer weiter und weiter so zu verfahren, empfinden die oben genannten Linken als untragbare Verdrehung der Tatsachen. Diese Durchhalteparolen hält man stets für das sprichwörtliche Sedativum, das man den Regierungen unter ihrer Kuratel nachsagte. Mit diesem Sprech, so soziologisierte man, dämmerte die Republik in einen tiefen postdemokratischen Schlaf hinüber, der überdies als alternativlose Option feilgeboten würde. Man spüre letztlich diese Schlafmützigkeit überall, sie durchdringe alle Nischen, wie der Schlaf der Gerechten legt sich die gesamte Gesellschaft ins Bett und ist zufrieden mit sich selbst, kann sich einreden, dass sie es trotz Entbehrungen und enger geschnalltem Gürtel immer noch besser habe als die Menschen in anderen Teilen der Welt. (Was ja auch nicht falsch ist, den Menschen im Sudan geht es ja tatsächlich weitaus mieser. Die Frage ist, ob das ein Vergleich sein darf.) Ja, selbst noch besser als in der direkt umliegenden europäischen Nachbarschaft. Und das alles sei natürlich das Resultat von Fleiß und Leistungsbereitschaft – der Regierung.

Die müde Rhetorik der Bundeskanzlerin übertrage sich auf die gesamte Republik, kritisierte man sie häufig. Da gehe kein Ruck mehr durch das Land, sie verwalte es in die politische Unmündigkeit. Sie sei die Narkoseärztin, die jeden politischen Diskurs und jede wirtschaftliche Neuausrichtung abwürge und in den Tiefschlaf versetze. Stand sie dann vor den Kameraobjektiven und feierte mit ihrer Entourage, dass es dem Land und den Deutschen ausgezeichnet gehe, während die Zuschauer und Zuhörer wussten, dass es den Griechen zum Beispiel elend erging zur selben Zeit, dann zog man sich gesamtgesellschaftlich doch irgendwie erleichtert in den Halbschlaf zurück. Der Vergleich mit dem Elend war und ist eben stets das beste Narkosemittel. Also machte man *weiter so*. Schlief man einfach *weiter so*.

Wie sollte es in einem derart einschläfernden Gesellschaftsklima auch anders sein: Man wird selbst müde und wurstelt auf seine Art so weiter. Diese Grundhaltung des heutigen Deutschland haben irgendwie auch die Linken angenommen, die in großer Zahl in diesen Jahren kanzlerischer Wiegenliedpolitik all diese Fundamentalisten und Sektierer auf linker Seite, diese selbsterklärte Avantgarde des Anstandes und der hehren Moral duldeten und als Weggefährten im politischen Kampf akzeptierten. Was man davon hatte, sah man spätestens dann, als sich der Rechtsruck besonders ausgestaltete und als vermeintliche Alternativpartei in die Landtage (und später in den Bundestag) einzog: Die potenzielle Wählerschaft orientierte sich in einer 180-Grad-Wende nach rechts. Und das nicht aus Hass oder Rassenwahn – zumindest nicht nur –, sondern aus sozialer Unzufriedenheit heraus.

Im Grunde ist es doch so, dass ein jeder so seine eigene Variante des »Weiter-so!«-Prinzips entwickelt hat in den letzten Jahren dieser sedierten Republik. Eben auch die Linken. Sie fanden einfach keinen Adapter, um sich auch für die Jürgens da draußen interessant zu machen und kungelten stattdessen lieber mit denen, die sie irrtümlich für charakterverwandt hielten. Mit Leuten, die moralinsauer diese schöne neue Welt mit abgehalfterten kommunistischen Welterklärungstheorien analysierten, aus jeder kritischen Stimme bezüglich ihrer Antiquiertheit einen

Fascho bastelten und die sich selbst auch noch als die neuen, die besseren Menschen einstuften, die die ansonsten dumme Masse an die Gestade Utopias zu manövrieren habe.

Viele von diesen Superlinken richten die Gegenwart tatsächlich an längst überkommenen Theorien aus, versteifen sich auf Marx wie auf das geoffenbarte Wort oder sehen die Geschichte einfach als einen ewigen Kreis an, bei dem man früher oder später immer wieder am selben Punkt angelangt. Letzteres führt häufig dazu, dass man die Phänomene der modernen Welt behandelt wie solche, die schon vor Jahrzehnten existierten. Aber Geschichte wiederholt sich nun mal nicht und jede Gegenwart muss die Lösungen für ihre Probleme neu erarbeiten. Überall den Faschismus zu wittern, das ist zum Beispiel so eine Reaktion aus dieser statischen Haltung zur Geschichte. Es gibt viele ewiggestrige Betrachtungsweisen da draußen. Nicht nur im konservativen Milieu. Mit Leuten von gestern aber wird man das Heute und Morgen kaum in Angriff nehmen können.

Wenn man diese ganz speziellen Linken weiterhin toleriert oder gar hofiert im Umkreis der parlamentarischen Linken, wenn man an der linken Weltfremdheit festhält und sie als Verbündete für die Probleme der Zukunft annimmt, so muss man befürchten, dass die Linke sich abschafft. Zumindest als politischer Faktor. Stellt sie sich nicht realistischer auf, wird sie keine Chance mehr haben, nochmal die Deutungshoheit zu erlangen und damit als potenzielle Entscheiderin für Zukunftsfragen ausfallen.

Es sind nicht die Realisten auf linker Seite, die die Linke beschädigen, sondern diese dogmatischen Wächter der linken Materie, die ihr mit ihrer zelotenhaften Sittenwacht nachhaltigen Schaden einhandeln.

Fundis: Besonders linke Linke

»Dieser linke Radikalismus ist genau diejenige Haltung, der überhaupt keine politische Aktion mehr entspricht. Er steht links nicht von dieser oder jener Richtung, sondern ganz einfach links vom Möglichen überhaupt. Denn er hat ja von vornherein nichts anderes im Auge als in negativistischer Ruhe sich selbst zu genießen.«

– Walter Benjamin –

Wer sind denn nun eigentlich die linken Linken, von denen im vorherigen Kapital die Rede war? Frau Wagenknecht etwa, der man in den Medien viele Jahre vorwarf, sie würde ganz weit links stehen, bevor man auf den Trichter kam, sie als Rechtsaußen zu kategorisieren? Nein, von ihr ist hier absolut nicht die Rede. Nicht in diesem Zusammenhang. Sie kann gar nicht gemeint sein, weil sie einen realpolitischen Bezug pflegt, nicht als schwelgerische Besinnlichkeitskraft unter Linken firmiert. Wie eigentlich viele Leute aus der ehemaligen SED. Das hört in der Bundesrepublik nur keiner so gerne. Weder die Konservativen im Bewusstsein ihrer Deutungshoheit – noch jene Linken, die sich als die letzten verbliebenen Dinosaurier der traditionellen Linken fühlen. Letztere hatten bereits nach der Wende ein Problem mit den Linken des Ostens. Bis heute scheint das so geblieben zu sein, die Ossirealos und die Wessifundis finden nur recht schwer zueinander. Es ist jedenfalls kein Zufall, dass Frau Wagenknecht und mit ihr andere Politiker aus der Linkspartei immenser Kritik eben nicht nur aus dem konservativen Lager ausgesetzt sind, sondern auch aus »dem eigenen Lager« heraus unter Beschuss genommen werden. Zuletzt immer wieder, weil sich Frau Wagenknecht um das Thema Zuwanderung bemühte, dort Romantizismen verwarf und auch ein System der Obergrenzen theoretisch für vertretbar hielt. Wohlgemerkt, sie sprach von Zuwanderung und klammerte den Flüchtlingskomplex aus. Dennoch warf man ihr genau das vor und nannte sie den Zwilling der damaligen AfD-Vorsitzenden Frauke Petry, die die Frage in den Raum stellte, ob man denn an den Grenzen auf Flüchtlinge schießen sollte.

Damit Klarheit entsteht, noch etwas vorab zur Sprachregelung auf den folgenden Seiten. Mit der Linken bezeichne ich die »in der parlamentar. Sprache urspr. [als] liberale Partei« ausgewiesene Anschauung, die »im Unterschied zur konservativen Partei oder zur Rechten« fungiert, wie es der *Brockhaus* definiert. Also den linken Teil des politischen Spektrums als Gattungsbegriff sozusagen. Die politische Partei oder Fraktion mit demselben Namen, die in deutschen Landesparlamenten und im Bundestag Sitze einnimmt, werde ich zur besseren Unterscheidung als »Linkspartei« aufführen. Auf den vorhergehenden Seiten habe ich diese Sprachregelung schon auf diese Weise umgesetzt. Als linke Linke wiederum bezeichne ich wiederum diejenigen, die innerhalb des linken Spektrums ganz links angesiedelt sind. Oder es zumindest von sich selbst glauben. Eine gewisse Doppeldeutigkeit diese Bezeichnung betreffend ist weder beabsichtigt noch zufällig, sondern unvermeidlich.

Folgend sollen einige diese Gruppierungen in aller Kürze und ohne Anspruch auf Detailreichtum beschrieben werden. Da das hier nicht als exegetische Analyse aus dem Kuriositätenkabinett des linken Spektrums gedacht ist, möchte ich mich nicht verfranzen. Zumal es ohnehin schwierig ist, eine klare Ordnung hinzubekommen, denn unter diesen Gruppen existiert kein geschlossener Katechismus, der eine lückenlose Darlegung erlauben würde. Profaner ausgedrückt: Diese Gruppen sind untereinander teilweise spinnefeind und arg zerstritten. Sie halten nichts voneinander. Auch das macht sie aus.

Was sie aber verbindet, ist der Anspruch, dem Antifaschismus zu dienen, wie immer man den dann interpretiert. An sich ja eine unterstützenswerte Angelegenheit, ganz ohne Zweifel. Wenn aber plötzlich alles als faschistisch beschimpft wird, was den eigenen Ansichten nicht entspricht, dann ist er nicht nur als Programm zu wenig – da wird er auch bedeutungslos und kontraproduktiv und eine Farce. Dass er sich so zu einer Respektlosigkeit gegenüber den Opfern des Faschismus geriert, muss man hoffentlich nicht extra erwähnen.

Der zeitlose Klassiker für jede Demo: Die Antifas

Die Geschichte der Antifa ist eine Geschichte voller Missverständnisse. Und eine voller Neugründungen, Neuorganisierungen und Neubeginne. *Die* Antifa gibt es im Grunde gar nicht. Sie zu singularisieren ist schon mal eine Vereinfachung ihrer Komplexität. Man muss sie im Plural nennen, sollte den Begriff höchstens als Überbegriff heranziehen. Es sind dezentral agierende Einheiten, Franchiser im Geschäft der Radikalopposition sozusagen. »Die Antifa« kann als Sammelbegriff für viele Gruppierungen verwendet werden, die zwar alle irgendwie ähnlich ticken, sich in Nuancen – die für sie selbst Welten sind – unterscheiden, aber trotzdem ein kollektives Alleinstellungsmerkmal für sich verbuchen können: ihren Kampf gegen Rechts, begründet aus einer historischen Legitimation heraus, die ihre Vorbilder im Kampf der italienischen Antifaschisten gegen die Anhänger Mussolinis gesucht und gefunden hat. Daher auch der italienische Schlachtruf »Alerta, alerta, antifascista«. In Deutschland fanden sich da zugegeben weniger Beispiele standhaften Widerstandes gegen die Nazis. Der Elser[1] ist ja leider lange in Vergessenheit geraten. Selbst unter Antifaschisten, auch sie nähren halt ihr Weltbild aus den Massenmedien. Und wenn dann einer wie der Georg Elser bei aller Stauffenberg-Seligkeit unter den Tisch fällt, sucht man eben auswärts nach Vorbildern. Hätte es eine adäquate Würdigung von Elsers Widerstandsgeist gegeben, schwäbelten die Antifaris heute unter Umständen ihre Parolen und riefen laut »Obacht, obacht«.

Die deutschen Antifaschisten der Nachkriegszeit versammelten sich in der »Vereinigung der Verfolgten des Naziregimes« (VVN) und hatten mit der Parallelgesellschaft, die sich heute auf Demos im Karree hinter Pergamenten versteckt, so gut wie keine Gemeinsamkeiten. Die Menschen, die sich dort vereinigten, hatten die grauenhaften Folgen des Faschismus und explizit des deutschen Nationalsozialismus am eigenen Leib in den Konzentrationslagern zu spüren bekommen. Die Vereinigung schrieb sich auch deshalb als Ziel auf die Fahnen, auf die Gründung eines wirklichen antifaschistischen Staates hinzuwirken.

Das war antifaschistische Pionierarbeit. Auch insofern, als sich die späteren Studentenproteste und die Autonome Antifa, die sich im Übergang von den Siebzigern zu den Achtzigern formierte, immer wieder gerne auf die VVN bezog. Sie hielten deren Wunsch nach einer Gründung eines antifaschistischen Staates für noch immer nicht erfüllt. Nun konnte man aber der Bundesrepublik in den Sechzigern viele Vorwürfe machen. Angefangen bei einem Konsumismus, der das kollektive Kriegstrauma nicht aufzulösen vermochte, bis hin zu all den Zweitkarrieren ehemaliger Nazis im demokratischen Rechtsnachfolger. Ob die neue Republik indes faktisch ein faschistisches Land war, bleibt auch im Rückblick doch mehr als vage. Es gab wie gesagt Kontinuitäten. Aber eben kein Führerprinzip, keine Konzentrationslager und keine Todesstrafe mehr. Man tickte gesellschaftlich durchaus noch obrigkeitsstaatlich, der Staatsbürger verstand sich als devoter Befehlsempfänger, der seinen Platz in der Gesellschaft kennen sollte, aber ob diese Haltung nun gleich Ausdruck des Fortbestandes eines Faschistenstaates war, darf schon mal angezweifelt werden. Mit derselben Dialektik könnte man so gut wie jeden mittelalterlichen Leibeigenen als Opfer des Nationalsozialismus kennzeichnen. Da wäre er aber seiner Zeit voraus gewesen. Nicht alles, was der Mensch dem Menschen antun kann, ist gleich die Untat eines Faschisten. Viele Verbrechen gehen auch ganz ohne faschistische Untermauerung, schließlich ist der Mensch des Menschen Wolf. Auch ohne SS-Uniformierung.

Es ist bis heute einer der größten Irrtümer unter linken Linken, dass wir uns angeblich noch immer im Faschismus bewegen. Dass eine Wachablösung gewissermaßen nie erfolgt sei. Als die sozialliberale Koalition unter Brandt aufgrund eines terroristischen Staatsnotstandes Berufsverbote für Sympathisanten des terroristischen Milieus beschloss, sahen sie sich bestätigt: Selbst die Sozialdemokraten seien letztlich auch nur Sozialfaschisten. Dies war ein alter Kampfbegriff der Bolschewiken, der Reformer an sich galt in deren Augen als Vorbote faschistischer Lebensweise. Kritik am Radikalenerlass konnte zweifelsohne aus gutem demokratischen Selbstverständnis heraus geübt werden. Er war – obgleich es auch gute Gründe dafür gab – keine deeskalierende Meisterleistung, hat den Generalverdacht der Einzelfallbetrachtung vorgezogen und er hat freilich über Generationen Menschen Steine in die berufliche Laufbahn gelegt. Aber mit den Berufsverboten für Juden in den Dreißigerjahren hatte er inhaltlich so gut wie gar nichts zu tun. Man durfte ja arbeiten, nur eben nicht im öffentlich-rechtlichen Sektor – und man war nicht aufgrund ethnischer Standards für den gesamten Arbeitsmarkt kein Thema mehr, sondern weil die politische Haltung einen Loyalitätskonflikt in Aussicht stellte. Das sind dann schon zwei unterschiedliche Ausschlusskriterien. Es gab also Ausweichmöglichkeiten für potenzielle Sympathisanten des Linksextremismus, die es für die deutschen Juden hingegen nicht gab.

So weit nur ein Beispiel für die Dramatik, die man gewissen bedenklichen Entwicklungen angedeihen lässt im Milieu der linken Linken. Man unterscheidet nicht mehr, hält fast alles für grundsätzlich faschistisch, wenn es nicht in den antifaschistischen Kanon passt.

Das hat sicher auch mit dem Anspruch des besseren, weil antifaschistischen Staates zu tun. Der definiert sich ja schon qua Bezeichnung als ein Gegenpart, muss daher in seiner Konstitution wider ein System stehen, statt etwas Eigenes darzustellen. Durch die Negation dessen, was man aus guten menschlichen Motiven heraus ablehnt und bekämpfen möchte, soll eine Vorstellung von dem entstehen, was man bejaht. Dieser Ansatz ist auf lange Sicht zum Scheitern verurteilt. Hieraus entwickelte sich eine Haltung, die konstruktive Vorschläge über den Umweg destruktiver Negation formulieren musste. Aus diesem Kontext heraus konnten die Antifas nie die Deutung über Begriffe oder utopische Szenarien für sich verbuchen. Da sie das Neutrum »nicht-faschistisch« und die Gegenposition »faschistisch« beidseits als gescheiterten Antifaschismus begreifen, vermochten sie eine konstruktive Deutungskraft nie zu entwickeln.

Diese Inflation des Faschismusbegriffes als Vorwurf für diverse Entwicklungen hat im Laufe vieler Jahrzehnte nebenher dazu geführt, dass die Antifas als spaßlose Brigaden und aggressive Destruktivisten wahrgenommen werden, mit denen man keinen anständigen Dialog führen kann. Ob es stimmt, so wie man oft liest, dass dieser in Ritualen erstarrte Antifaschismus kapuzenhafter

Gemüter sich selbst in einen Faschismus transformierte, kann man an dieser Stelle mal getrost offenlassen. Gleichsetzung ist eine undankbare Sache, selbst wenn sie manchmal verführerisch wäre.

Seit dem Jahr 2001 sind die Antifas nun in einen klassischen und einen antinationalen Flügel gespalten. Das heißt aber nun wiederum nicht, dass man sie sich vorher als eine harmonische Einheit denken muss. Denn in den Neunzigerjahren waren sie auch schon zerrissen. Damals ging es vor allem um die Frage, ob man einer Popularisierung des organisierten Antifaschismus Vorschub leisten, das heißt auch mit Marketingmitteln für Aufsehen sorgen dürfe – oder ob man lieber bündlerische Abgehobenheit gegenüber der bürgerlichen Gesellschaft zelebrieren sollte.

In diesen entscheidenden Jahren nach der Wende, als das neue Deutschland nach und nach dem neoliberalen Zugriff ausgesetzt war, stritt man sich an der antifaschistischen Basis folglich darum, welches Publikum man ansprechen sollte und welches lieber nicht, um zu guter Letzt getrennter Wege zum antifaschistischen Staat marschieren zu können.

Da der wirtschaftspolitische Diskurs ohnehin traditionell kein Metier der Antifas war, haben die Vermummten vermutlich nicht mal bemerkt, wie sich die Welt um sie herum veränderte. Der Neoliberalismus als elitärer Klassenkampf von oben war nicht die größte Sorge in diesen Kreisen. Man suchte nach Belegen für den Faschismus im System und vergewaltigte hierzu die Schriften der Frankfurter Schule, bediente sich bei Adorno und Kollegen und zog sich zurück in die Autosuggestion, dass man mit der sprichwörtlichen Nazikeule den systemischen Klassismus des Finanzkapitalismus für jedermann sichtbar machen kann. Ganz nach dem Motto: Wenn wir den Menschen zeigen, dass dieser Kapitalismus faschistisch ist, dann fällt es ihnen wie Schuppen von den Augen und dann ist ihr Kopf endlich frei für ein Umdenken.

Wer indes »Finanzkapitalismus« sagt, muss sich auch im Dunstkreis der Antifa – richtiger wäre zu sagen, der geistigen Leader jener linken Linken, auf die wir noch zu sprechen kommen werden – etwas ganz anderes vorwerfen lassen: Antisemitismus. Das ist aber eine andere Geschichte, die uns noch beschäftigen wird.

Deutschland, Deutschland unter alles: Die Antideutschen

So wie der Chauvinist stets sein Land heranzieht, um sich mit dem traurigen Rest der Welt seines spezifischen Weltbildes zu vergleichen, so hat freilich auch der Antideutsche eine ganz ähnliche Meisterschaft auf diesem Felde entwickelt. Er vergleicht die Ereignisse in der Welt auch mit Deutschland – allerdings nicht mit dem für ihn tollsten Land der Welt namens Deutschland, sondern mit jenem schlechten Deutschland von 1933 bis 1945. Der Antideutsche kann sich die Welt nur in den Entitäten von dunnemals vorstellen. Er ist gewissermaßen ein Antifaschismus-Patriot, der, anders als ein ordinärer Nationalist etwa, sein Land nicht als Vorbild für andere Länder belobigt, sondern es gerade im Gegenteil als schlechtes Beispiel auflistet.

So eine selbstkritische Ader ist selbstverständlich ein feiner Wesenszug, denn er riecht dezent nach geistiger Reife. Wer eigene Fehler eingesteht, der ist ethisch betrachtet echt eine ganz große Nummer. Gleichzeitig ist es aber auch etwas übertrieben und ungesund, wenn man Folien benutzt, die die tagespolitische Wirklichkeit der Zwanziger-, Dreißiger- und Vierzigerjahre an die Wand projizieren. Die Welt von heute ist halt mal kein angemessener Vergleichswert für die Welt von damals. Das ist die klassische Äpfel-und-Birnen-Situation: das Hantieren mit Äquivalenten, die letztlich keine sind.

Die antideutsche Strömung formierte sich allerdings erst gegen Anfang der Neunzigerjahre. Im geistigen Wagentross des zweiten Golfkrieges spitzte man die ohnehin radikale Weltanschauung noch ein bisschen zu. Man darf das Phänomen der Antideutschen daher als Radikalisierung der antinationalen Positionen innerhalb der radikalen Linken und der Antifa begreifen. Folgerichtig war Saddam Hussein für sie dann auch nicht irgendein Despot und nicht einfach nur eine Kreatur US-amerikanischer Außenpolitik, sondern eine hitleristische Figur, ein Neonazi eben – ein »genuiner Nachfolger«[2] Hitlers, wie Hans Magnus Enzensberger seinerzeit es etwas sprachgewandter ausdrückte, ohne dass man diesen verdienten Literaten jetzt bitte gleich in die radikale Ecke drängt oder als Wortführer der Antideutschen verortet.

Überhaupt erfreute sich diese speziell antideutsche Haltung, die Welt je und je am Nationalsozialismus messen zu wollen, auch außerhalb des eigenen radikalen Milieus einiger Beliebtheit. Man denke nur an Außenminister Joschka Fischer und Verteidigungsminister Rudolf Scharping, die in Serbien ein »neues Auschwitz« vereiteln wollten und auf befreiungsimperialistischen Pfaden wandelten. Damit haben sie Pionierarbeit bei der Schaffung der Salonfähigkeit solcher klitternder Thesen geleistet.

Diese antideutsche Einstellung ist zugegebenermaßen ja auch ganz bequem für bellizistische Anwandlungen. Das muss man ihr schon lassen. Aus einem historisch bedingten deutschen Verantwortungsgefühl heraus in Kriege einzugreifen: Das klingt fast wie ein hehres Motiv, ja wie eine geheiligte Sache. Die Antideutschen sind demgemäß dann auch gar keine grundsätzlichen Gegner kriegerischer Interventionen. Sie vertreten aus ihrer Logik heraus den Standpunkt, dass militärischer Einsatz auch lohnen kann, wenn man damit den Faschismus eindämmt und neue Hitler beseitigt. Daher schmücken sie ihre Aufmärsche auch gerne mit der Flagge der Weltpolizei, mit dem *Star-Spangled Banner*. Mister Bush war ein Kriegstreiber und Destabilisator des Mittleren Osten? Für die Antideutschen ganz klar nicht. Für sie hat er nämlich den Kampf gegen muslimische Nazis aufgenommen.

Linke, die Pazifismus mal anders begreifen als dem Sinne nach, auch mal ganz jesuanisch die andere Backe hinzuhalten? Was sich jetzt wie ein realpolitisches Einsprengsel ins Verquere liest, artet unter dieser Gruppe linker Linker indes natürlich vollends in ein radikales Sendungsbewusstsein aus. Den Islam sieht man unter Antideutschen in diesem Kontext gemeinhin als Barbarei und der Begriff des »Islamofaschismus« ist dieser simplifizierenden Theorie der Antideutschen entlehnt. Der ja durchaus in der islamischen Welt vorhandene Antisemitismus flankiert diese Einschätzung und wirkt munter bei der antideutschen Gleichsetzung von »Islam« und »Islamismus« mit. Die Verworrenheiten im Nahen Osten sehen sie klar: Israel muss Atomwaffen besitzen, sonst lieferten sie sich einem neuerlichen Faschismus aus. Hier gleichen sie vielen Konservativen, die mit ihrer Islamophobie ganz ähnlich muslimische Kinder mit deren Badewasser ausschütten.

Es ist besonders dieser antideutsche Blickwinkel, der in den letzten Jahren unter linken Linken an Beliebtheit gewonnen hat. Jegliche Realpolitik wie zum Beispiel in Bezug auf nationale Entscheidungskompetenzen wird mittlerweile mit linken linken Gegenmeinungen beantwortet, die sich ganz offenbar aus dem antideutschen Milieu herauskristallisiert haben. Versuchen Vertreter der Linkspartei etwa, die momentanen politischen Realitäten im freizügigen Europa im Rahmen der nationalstaatlichen Gegebenheiten einzuordnen, ernten diese die kalte Wut mit antideutschem Gütesiegel. Man kommt dann mit antinationalen Parolen um die Ecke, die im Augenblick politischer Entscheidungsfindungsprozesse keinerlei praktischen oder auch nur theoretischen Nutzen aufweisen.

Die dem antideutschen Spektrum zuzuordnende Zeitschrift »Bahamas« brachte diese Untergrabung linker Politik ungewollt schon recht früh auf den Punkt, als man in ihr lesen konnte: »Wer es mit der Forderung »Für den Kommunismus« ernst meint, der wird erkennen müssen, dass Befreiung und Emanzipation nur gegen diese Linke erkämpft werden kann, niemals mit ihr.«[3] Man könnte jetzt auch fragen, ob die Antideutschen sich überhaupt noch zur Linken zählen.

Sparen kann man sich an dieser Stelle, dass die Kapitalismuskritik unter Antideutschen kaum eine Lobby findet. Wie der Nationalist die Welt entökonomisiert und Geschichte und Weltpolitik in staatlichen Einheiten zu erklären trachtet, so tut das der Antinationalist in entgegengesetzter Richtung ebenfalls. Auch er vernachlässigt die ökonomische Grundfrage nach der Verteilung und ersetzt diesen eigentlich zentralen Aspekt linker Politik durch eine Weltdeutung, in der Staaten endlich zu Nicht-Staaten werden sollten, um Gerechtigkeit entstehen zu lassen. Wer aber in so einem Szenario was und wie verteilt und das Gewaltmonopol steuert: keine Antworten bei den Antideutschen.

Was fürs Herz: Fantifas und Kolleginnen

This is a man's world. Und da linke Linke auch nur von dieser Welt stammen, auch wenn sie hienieden zwanzig Zentimeter über dem kargen Boden der Übermoral zu wandeln vorgeben, dominiert auch da der Mann das Geschehen. Irgendwann hatten dann die Frauen der Bewegung keine Laune mehr, vom Mackertum weiterhin übergangen und bei Bündnistreffen bloß zum

Kaffeekochen oder Che-Shirt-Waschen abgestellt zu werden. Anfang der Neunzigerjahre, mit etwas Verspätung zum Bürgertum, emanzipierten sich dann auch die Antifa-Frauen und gründeten in mehreren Städten feministische Antifa-Gruppen: Die Fantifas. Was wie eine orangene Limo klingt, entwickelte sich im Laufe der Zeit zu allerlei feministischen Blöcken, die im linken linken Lager Akzente setzten.

Etwaige Gleichstellungsprojekte unter den linken Fundis der Antifa kamen reichlich spät: Mittlerweile lief ihnen die Konkurrenz des liberalen Bürgertums, all diese Spießerinnen und ihre maskulinen Spießgesellen mit geordneter Lebensplanung, in dieser Frage richtiggehend den Rang ab. Während in der vermeintlichen Fascho-Republik Gleichstellungsgesetze bereits in Gang kamen, fing die linke Linke gerade erst an, sich zu emanzipieren. Da war man sogar langsamer als die als behäbig geltenden Schweizerinnen, die sich erst 1971 das Wahlrecht erstritten. Zwanzig Jahre danach betrat dann die Frau aus dem radikal linken Milieu den Trampelpfad der Geschichte und überrundete damit endlich jene Frauen, die schleierhaft im katholischen Betrieb ihrer Berufung folgten.

Von da an zeigten die Fantifas aber natürlich, wie man Geschlechterkampf richtig macht. Nicht mit ollen Gleichstellungsbemühungen etwa, sondern mit einer Rhetorik, die zwar das kapitalistische System grundsätzlich, doch nicht konkret kritisierte, es aber als Ausdruck eines unter anderem von Männern initiierten Unterdrückungssystems auf Grundlagen des Sexismus skizzierten. Dieses analytische Element erblickte wohlgemerkt irgendwann in den Neunzigern das Licht der Welt. Hätte man das in den Fünfzigern oder Sechzigern so formuliert, man hätte vielleicht ein Gran Realitätsbezug darin wittern können. Immerhin waren die Nachkriegsjahre im Westen ein »goldenes Zeitalter«, in dem weiße, heterosexuelle Männer am Wiederaufbau und an der Modernisierung der Gesellschaft partizipieren und gesellschaftlich aufsteigen konnten, während Frauen entweder häuslich blieben oder als Hiwis Handlangerarbeiten verrichteten.

Die Serie »Mad Men« hätte nicht zwangsläufig in New York angesiedelt sein müssen – in so gut wie jedem Industrieland der Sixties hätte das Szenario hineingepasst. Rauchende und saufende Männer, die daheim ein Weibchen sitzen haben, fremde Frauenärsche tätscheln und hin und wieder einen von ihnen ins Bett drängen: Das war tatsächlich eine große Internationale, die Virilintern, die vereinten Nationen der Mannbarkeit gewissermaßen. Die Virilität (von lat. *virilis* für männlich) hatte damals eine ganz andere Dimension. Der heterosexuelle weiße Mann war der *Master of the Universe*. Seine Frau war hingegen nur *Mamsell universelle*.

Aber die Szenerie der Neunzigerjahre war dann doch eine andere. Gerade auch nach der Einverleibung der DDR in die Bundesrepublik und mit ihr mit der Aufnahme von Millionen von berufstätigen Frauen (auch in höheren Positionen) aus Ostdeutschland konnten die drastischen Formulierungen der Fantifas kein Abbild der Realitäten mehr sein, sondern brachial feministische Spezifikation, an der man nicht ergebnisoffen feilte, sondern die man auf Grundlage ideologischer Präferenzen erzwang.

Wesentlich beschäftigen sich die Fantifas mit einer feministischen Faschismusanalyse und versuchten so, der bürgerlichen Gesellschaft jenen faulen Zahn zu ziehen, wonach auch Frauen nur Opfer des Nationalsozialismus waren. Eva Braun war eben nicht bloß ein blondiertes Dummerchen. Dieser Ansatz ist freilich vom emanzipativen Standpunkt aus zu begrüßen, auch wenn man sich hierbei neuerlich die Frage stellen muss, welche konkreten politischen Handlungsweisen für die Gegenwart dadurch gewonnen werden können. Vielleicht hilft sie ja irgendwann mal dabei, das Regiment der ewiglichen Bundeskanzlerin mit der Despotie maskuliner Regierender gleichzusetzen. Bis dato hat man dazu aber wenig gelesen.

Trotz dieses Ansatzes, das Geschlechterthema von seiner Täter- und Opferrhetorik zu erlösen, hat sich in diversen Fantifas etabliert, Klassenkampf als Geschlechterkampf zu verstehen. Der Eierstock wird zum Kriterium, wo vormals die gemeinsamen Erlebnisse auf dem ausbeuterischen Arbeitsmarkt zusammenschweißten. Die Erfahrungen in der Klassengesellschaft rücken in den Hintergrund, die Verhältnisse werden sexualisiert erklärt – Ausbeutung wird nicht mehr als von oben nach unten begriffen, sondern von Mann zu Frau. Manchmal stimmt diese Sichtweise ja dann auch. Nur nicht immer.

Die Erfahrung, wie Geschlechterkampf in diesen Kreisen ausgefochten wird, machte ich persönlich, als ich vor Jahren online einen Text publizierte[4], der sich mit der Männerrolle in der öffentlichen Wahrnehmung beschäftigte. Nichts Weltbewegendes eigentlich. Prompt klebte sich eine ostdeutsche Anarchofeministin virtuell an meine Fersen und veröffentlichte Texte, in denen es um die Darlegung meines Charakters ging. So war ich wahlweise ein »Arschloch«, ein verkappter Rechter oder mal einer, über dem man flugs mal Missbrauchsvorwürfe gegen Frauen und Kinder in den Weiten des Internets streuen konnte. Katharina Rutschky hatte eben doch recht, als sie 1992 mancher in der Frauenbewegung einen »Missbrauch mit dem Missbrauch« unterstellte. Wenn die eigenen Argumente lächerlich werden, teilt man eben aus.

Kurz nachdem bekannt wurde, dass ich in einer Volkshochschule in Nordrhein-Westfalen zum Thema Bloggen informieren werde, rief jene Frau und ihr anarchistisches Amazonat die Männer vor Ort auf, sie sollten ihre Frauen festhalten, man wisse ja nie, wie der Tätermensch, den man der Einfachheit halber Mann nennt, reagiere, sobald er in der Stadt ist.

Auch diese Person verstand sich grundsätzlich als Richtigstellerin der linken Sache, definierte Kapitalismuskritik grundsätzlich als Kritik am Mann, der in diesem Kontext dann allerdings Maskulinist hieß. Sie brachte mehr Energie dafür auf, sich um die Symptome meiner vermeintlich derangierten Libido zu kümmern, als um zentrale Fragen linker Wirtschaftspolitik und neoliberalen Wirtschaftsversagens. Auf diese Weise zeigte sie dieselbe Schwanzfixiertheit, die sie den Maskulinisten unterstellte. Da kam sie nun wieder zum Vorschein, diese linke linke Überzeugung der Allwissenheit, die am Ende die Menschen gegen linke Ansätze in der Politik verschließt.

Die »Entleerung des Wesenskerns der Linken«[5], diese Unbegreiflichkeit, »wie die Extreme solcher Arbeitsformen und der Protest gegen sie (»Nieder mit dem höllischen Akkord!«) aus der Vorstellungswelt und dem Vokabular der Linken verschwinden konnten, obwohl gerade hier die konkrete Existenz der Menschen – ihre Gesundheit zum Beispiel – auf dem Spiel steht«[6], wie Didier Eribon es formulierte, haben sich im linken Mainstream ganz generell verfestigt. Nicht nur unter linken Linken, sondern auch unter den Angepassten nach Schröder-Blair. Die Überbetonung von Toleranzthemen bei gleichzeitiger Unterschlagung sozialer Themen haben nicht nur die etablierten linken Massenparteien, sondern schon vormals die ganz linken Kreise erfasst. Eribon stellt durchaus richtig zusammen, dass sich die Neokonservativen den Linken annäherten und letztlich selbst verstärkt auf Toleranzthemen setzten, um die soziale Frage zu bagatellisieren und damit der Linken ihr ureigenstes Thema zu entreißen. Man darf aber darüber spekulieren, ob man sich unter Neokonservativen diese Überbetonung zulasten der Verteilungsfrage nicht besonders bei den linken Linken abgeschaut hat. Sie waren es ja, die vorexerzierten, wie man mit Herzthemen Kopfthemen sediert.

Die Fantifas sind vor allem was für das linke Herz. Mehr noch als die Antifas. Von diesen linken Frauen kann der Konservative anschaulich lernen, wie man linke Partizipationstheoreme durch

Toleranzthemen so eindämmt, dass alle zu fühlen glauben, hier pocht ein Herz im Weltverbesserungstakt. Denn es ist doch so: Eine Frauenquote für Aufsichtsräte von DAX-Unternehmen fühlt sich bestenfalls mental gut an für die geringfügig beschäftigte Reinigungsangestellte. Man spürt förmlich die Aufklärung und den emanzipativen Linksruck, wenn man liest, dass jetzt Frauen verstärkt nach oben durchrutschen können. Nüchtern betrachtet fehlt jedoch der Wesenskern und die emanzipativen Themen finden dann zur Beruhigung der Gemüter spurenweise Niederschlag in der neoliberalen Agenda, die recht flexibel ist, solange die Geschäfte nicht gestört werden.

Dass es zwischen der neoliberalen Gesellschaft und diesen radikal feministischen Elementinnen eine Affinität und Geistesverwandtschaft gibt, kann man recht gut an so fundamentalistischen Auffassungen erkennen wie jener vom »Nein heißt nein!« und ihren kruden theoretischen Vorbauten dazu. Auf der sexualtheoretischen Agenda der neoliberal-feministischen Bürgergesellschaft hat sich nämlich das eigentlich alte katholische Ideal der züchtigen Frau, des weiblichen Wesens als an sich asexuelles, über den Trieben stehendes Wesen neu kultiviert. Nur geschieht das nicht mehr in Form biederer Jungfräulichkeit, sondern anhand der Stilisierung der Frau als rund um die Uhr von sexuellen Übergriffen des anderen Geschlechts bedrohten Wesens. Die Frau ist die große Neinsagerin, sie muss dieses negierende Wörtchen mehrmals am Tag benutzen, weil der männliche Übergriff an allen Ecken drohe. Die Stilisierung sieht die Frau als Terroropfer und in stetiger Abwehrhaltung.

Am Ende dieses ideologischen Kniffs, der mehr mit Stereotypen und Klischees arbeitet als mit der Vielschichtigkeit zwischengeschlechtlicher Realitäten, stehen dann Gesetzesvorhaben wie jenes, das als »Nein heißt nein!« das Licht der Öffentlichkeit erblickte. Oder noch eine Spur ambitionierter jenes Vorhaben, das bald in Schweden den Alltag bereichern soll: eine Art gesetzlich vorgeschriebene Abspracheregelung zwischen den Sexualpartnern, die das Einvernehmliche in einem Akt der Kommunikation ausloten müssen. Selbstverständlich gilt das dann auch unter Eheleuten. Selbst wenn in der Realität die sexuelle Spontanität zweier vertrauter Partner wahrscheinlich nicht tangiert werden wird, so zeigt es doch, wie die Vertreterinnen und Vertreter dieses Weltbildes Sexualität einordnen: als eine Verwaltungsentität, als einen Akt, der gehandhabt werden kann wie eine vertragliche Einigung. Sie sehen darin einen Deal der Körperlichkeit, der eine Dienstleistung zwischen zwei unabhängig agierenden Empfängern enthält. Da man in neoliberalen Kreisen im Grunde alles, was in der Gesellschaft stattfindet, als reine Vertragssituation begreift, wundert es ja wahrlich nicht, dass die Politik und ein breiter Teil der Öffentlichkeit solchen neuen Gesetzesinnovationen positiv gegenüberstehen. Was dann aber durchaus verwunderlich ist, das sind die radikalen Feministinnen, die mit in den Chor einstimmen und glauben, dass solche Gesetze als ein emanzipativer Fortschritt zu feiern sind, wobei die doch in ihrem Wesenskern mehr so mittelalterliche, ja scholastische Elemente rekrutieren. Dass man ausgerechnet die alte christliche Prüderie der Frau betont, um mit diesem Kniff die geschlechtliche Triebhaftigkeit und das Verlotterte des »Gegengeschlechts« namens Mann zu zementieren, das ist schon ein Treppenwitz der Geschichte. Ausgerechnet das Narrativ einer Religion, von der Feministinnen ganz richtig behaupten, sie habe das schlechte Standing der Frau historisch besiegelt, kommt hier zu neuen, zu profanisierten Ehren. Das Frauenbild der Weibsbilder, so kann man salopp festhalten, gleicht jenem der Klerikalen von einst. Wie die Altvorderen begreifen sie die Frau als nur bedingt selbstbestimmtes Wesen, statten es daher mit einer Opferrhetorik aus und ritualisieren die traditionelle Keuschheit zu einem Ideal, das die Frau vor den stets übergriffigen Fingern des Mannes verteidigen muss.

Dass von der juristischen Warte aus diese ganze Chose ein Nullsummenspiel darstellt, im Grunde nur ein Geschäftsfeld für vorgerichtliche Instanzen, sprich für Anwälte ist, weil Richter nicht die Zustände im ehelichen Schlafzimmer abzuklopfen vermögen, so wie sie immer Probleme damit hatten, die sexuellen Akte zweier intimer Lebenspartner zu durchdringen, wird bei den Neoliberalen wie bei den feministischen Illiberalen freilich tunlichst ignoriert. Da geht es ja um höhere Weihen und vor allem um symbolische Eingriffe – und nicht etwa um praktikable Methoden für den Gerichtsalltag.

Die Sachwalter des Neoliberalismus ziehen hier munter mit, was letztlich auch damit zu tun hat, dass solcherlei toleranzthematischen Reformrohrkrepierer nicht viel kosten. Wobei sie auf der anderen Seite aber mächtig was hermachen, wenn man sie im eigenen Portfolio auflistet. Sexualstrafrechtsreformen auf Grundlage der Gleichstellungspolitik sind eine kostengünstige Art, um so zu tun, als gestalte man die Gesellschaft mit großem Enthusiasmus. Und um den geht es den Fantifas ja letztlich ganz besonders. Enthusiastisch muss man sein am linken Ende der Linken. Sachliches und Konkreteres nervt doch bloß. Soziale Gerechtigkeit? Das betrifft doch auch Männer: Was geht es die Fantifas also an?

Und es geht ja in letzter Konsequenz nicht mal um alle Frauen. Nur um den besseren Teil von ihnen, wie man immer wieder mal bemerken kann. Wie schon bei der angesprochenen Frauenquote. Denn letztlich fragt man sich schon, was genau eine Kassiererin eines Discounters von verbindlichen Platzkarten für Aufsichtsratssitze haben könnte. Mehr als *Good Vibrations* wohl nicht.

Feminismus ist als Emanzipation ein notwendiges Bestreben. Aber ohne soziale Komponente, wie das die Fantifa – und leider nicht nur sie! – begreift, ist der Feminismus tatsächlich auch für die Rechte kompatibel. Wo sind eigentlich die etablierten Feministinnen, ja wo ist Frau Schwarzer und setzt den radikal linken Fantifas mal etwas entgegen, in dem sich die soziale Wirklichkeit im Lande spiegelt? Leider heißt es auch da: Fehlanzeige! Auch die große alte Dame des deutschen Feminismus reduziert die sozialen Verwerfungen auf den Penis und macht damit die Fantifas zu legitimen Botschafterinnen einer im Wesenskern entleerten Ideologie.

Die anonymen Aphoristiker: In der K-Gruppentherapie

Die beiden Gruppen, um die es in diesem Abschnitt gehen wird, haben nur bedingt etwas miteinander zu tun. Vorsichtshalber sollte man da unterscheiden. Man sage nämlich mal zu einem Marxisten, er sei Maoist – da steht man an der Schwelle zum Glaubenskrieg. Die Geschichte aller bisherigen Gesellschaften ist die Geschichte von Klassenstreberkämpfen. Links ist das nicht besser. Da will jeder der Bessere, der Klügere sein – der Musterknabe des Spektrums. Trotzdem wirft man Marxist und Maoist gerne in einen Topf, was man begrifflich schon daran identifizieren kann, dass man sie als K-Gruppen zusammenfasst.

Marxisten und Maoisten also: Ersteren kann man eher nicht vorwerfen, dass sie die soziale Frage unter den Teppich kehren. Die Betonung dieser Frage ist ihr ureigenstes Metier. Denn das Bewusstsein ist ohne das Sein bloß eine müde Nummer. Sie sind insofern heute moderner denn je.

Während die Marxisten den Materialismus ausdrücklich betonen, pflegen die Maoisten ein eher idealistisches, ja ein aktivistisches Konzept. Sie verabscheuen eine Theorie ohne Praxis, Marxisten hingegen tun sich schwer mit Praxis ohne Theorie. Das geht im Grunde gar nicht zusammen. Da treffen Welten aufeinander. Weltanschauungen. Weltentrückung leider auch.

Doch Marxisten wie Maoisten pflegen auch Gemeinsamkeiten, einen ulkigen Spleen: Beide haben sie stets ein zitierfähiges Sprüchlein ihres Meisters auf Lager, oder sie wissen wenigstens genau, wo sie blättern müssen, um eine geistreiche Sentenz in die Diskussion zu werfen. Wann immer es passt – oder eben nicht –, haben diese Aphoristiker was Spruchreifes parat. Das macht sie zu geistvollen Zeitgenossen in jeder Diskussion, zum Liebling der Salons.

Was sie außerdem verbindet, ist die intellektuelle Erfassung der gegenwärtigen Welt mit den Augen und Einschätzungen von Denkern oder Praktikern aus einer anderen Epoche und Gesellschaft. Das hindert sie aber zunächst mal gar nicht daran, dennoch so zu tun, als habe sich die Welt in den letzten Jahrzehnten bloß unwesentlich verändert. Variabler Pragmatismus bei den Zeitläuften ist für sie ein Modewort, das man nicht überbewerten sollte. In der Theorie ist der Maoist aber dann schon pragmatischer. Da er jedoch seinem Wesen nach mehr Praktiker ist, fällt dieser Pragmatismus auch eher schmal aus und verheddert sich im tautologischen Einerlei.

Nach dem Zerfall des Sozialistischen Deutschen Studentenbundes (SDS) im März 1970 formierten sich allerlei K-Gruppen, wobei das K für »kommunistisch« stand. Im Wesentlichen war seinerzeit Mao in Mode. Marx eher nicht, wenn doch, dann gerne im Verbund mit Lenin. Heute hat sich das Spektrum ein bisschen gewandelt. Mit Maoisten hat man es eher seltener zu tun, sofern man sich im linken Milieu bewegt. Leninisten gibt es hie und da noch, sie halten sogar eine kleine Splitterpartei am Leben, die sich alle vier Jahre zur Bundestagswahl aufstellt und stets gut für 20 000 bis 30 000 Zweitstimmen ist. Das sind immerhin mehr, als sie Kugelschreiber im Wahlkampf verteilt. Marxisten-Leninisten sind eindeutig keine Materialisten. Pure Marxisten haben allerdings bis heute die Stellung im intellektuellen Wettbewerb gehalten.

Das liegt auch auf der Hand: In Zeiten, da selbst der Mainstream insofern marxistisch tickt, als auch er das Urteilchen des gesellschaftlichen Zusammenhalts in der Arbeit und in der Schaffung des Mehrwerts, das heißt, in der Ökonomie vermutet, ist man als Marxist kein absoluter Exot, sofern man nicht fortwährend Suren aus dem »Kapital« rezitiert. Mensch, der Marx kommt ja sogar in Werbespots vor, saß mit Che Guevara auf einer Terrasse und sinnierte über ein neues Modell von Dacia. Der Rauschebart ist Pop-Art, und sein Konterfei ist zum Ausdruck von Protestchen im Wasserglas geworden. Heute provoziert man niemanden mehr mit Marxens Visage. Der Vollbärtige rockt, er ist als Hipster feinster Güte integriert in die Popkultur.

Auf eine kuriose Art und Weise sind wir heute alle laienhafte Marxisten, weil wir mit dem Idealismus und der Romantik Hegels – die Karl Marx bekanntlich vom Kopf auf die Füße bugsierte – relativ wenig anfangen können. Als Menschen der Gegenwart, als Vertreter der Gattung *homo oeconomicus*, ist zwar nicht allen da draußen bewusst, dass Ökonomie stets auch die Frage der Ressourcen- und Profitverteilung betrifft. Aber quasi jedes Kind weiß, dass über Arbeit Teilhabe generiert wird, dass also das Materielle kein trivialer Überschuss des Geisteswesens Mensch ist, sondern Anfang und Ende. Das ist das Verdienst von Marx – und von Adam Smith, doch der wäre hier Themaverfehlung, denn von dem reden wir ja hier gerade nicht.

Nun ist das nicht der einzige Grund, warum Marxisten die Maoisten als Leader innerhalb des Spektrums der K-Gruppen ersetzt haben. In den Siebzigerjahren waren Maoisten mit ihrem Praxisbezug gefragt, denn der Stadtguerillero brauchte eine Weltbetrachtung, die mit seinem Aktionismus Schritt halten konnte. Der Marxismus schien in seiner biederen Radikalität eher ein Hemmnis zu sein. Der alte Karl saß ja auch meist nur am Schreibtisch; Mao tickte da völlig anders. Seit Guerilleros nur noch Schlachten am kalten Büfett schlagen, ist Mao auch nicht mehr ganz so gefragt. Und so sind die letzten Maoisten zu einem Dasein als kryptoreligiöse Lehrmeister verdammt, als Kalenderspruch-Rezitatoren und Dr. Feelgoods.

Dieses Schicksal teilen Marxisten und Leninisten zwar auch, gleichzeitig haben sie aber die Gewissheit auf ihrer Seite, dass ja nicht alles aus ihrem Repertoire Binsen oder etwa Unsinn ist. Marx' Analyse der Dynamik des Kapitalismus hat bis heute einen gewissen Anspruch auf Gültigkeit. Doch zu Marx' Lebzeiten hatte sich der moderne Kapitalismus noch nicht formiert, er steckte in einer Transformationsphase, und es war nicht absehbar, wohin die neuen Entwicklungen steuern würden. Die kapitalistische Matrix aber, die hat er damals schon ganz richtig entziffert. Die später aufgetragene Textur konnte er nicht kennen.[7] Insofern lassen sich nun mal nicht alle Erscheinungen des Finanzkapitalismus mit Rückgriffen auf Marx beantworten. Viele Marxisten, oder nennen wir sie mal besser *Marx-Jünger*, tun es dennoch stur. Und dann wirken sie schnell deplatziert, wie Leute von gestern.

Oft bekommen sie in der allgemeinen Situation ja Oberwasser. So wie damals, als die Finanzkrise um sich griff und auch die dem linken Spektrum unverdächtigen Bürger im Land anfingen zu glauben, dass der Kapitalismus nun wahrscheinlich an sein Ende angelangt sei. Wie Marx anno 1848 saß man ein Weilchen inmitten des Niedergangs und glaubte, jetzt würde die Verelendungstheorie vollumfänglich greifen, der Wandel würde jeden Augenblick beginnen, das neue Zeitalter – was immer das auch heißen mochte – klopfe im nächsten Moment an die Haustür. Tat es aber nicht. Geschichte ist eben, und da hat Marx dieselben romantischen Affekte gepflegt wie sein Lehrer Hegel, keine zyklische Aufwärtsbewegung unter Kenntnisnahme der »List der Vernunft«, die als kleine Rückschrittshopser dem aufsteigenden Graphen Verschnaufpausen gönnt. Geschichte ist keine Mathematik. Der Marxist berechnet aber Historie dialektisch. Verwissenschaftlicht im sogenannten Histomat, glaubt der unkritische Marxist einen Algorithmus gefunden zu haben. Das ist auf eine eigentümliche Weise geschichtsvergessen. Nur gut, dass Marx selbst klarstellte, dass er kein Marxist sei. Mit denen wollte er offenbar gar nichts zu tun haben.

Geh doch wieder nach drüben!

Die Marxisten aus dem vorherigen Abschnitt, das sind doch die ehemaligen DDR-Bürger, oder nicht? Der geneigte Leser könnte das jetzt natürlich vermuten und all die Leute meinen, die schon seit ungezählten Jahren in der Linkspartei hocken, als die als Einheitspartei noch gar nicht so hieß. So stellt es der Mainstream mal mehr, mal weniger dar. Immerhin bekam man drüben Diamat-Stunden eingeflößt wie Oktoberfestbesucher Helles. Aber diese gestrigen Marxisten, von denen im vorherigen Punkt die Rede war, kamen zum größten Teil gar nicht in die BRD. Nein – die waren schon da! Und als Ortsansässige waren sie, wie eigentlich alle linken Linken – und auch viele andere im Westen –, gar nicht so sonderlich erfreut über den linken Zuwachs aus der Deutschen Demokratischen Republik.

Wenngleich Götz Aly auf stark brachiale und verzerrende Weise in seiner Abrechnung mit den 68ern[8] den Versuch unternimmt, die damalige Aufbruchsstimmung mit den 33ern in eine Kontinuität zu rücken, so kann man seinem einleitenden Kapitel fast nichts Linderndes entgegensetzen. In dem macht er sich an eine Befindlichkeitsanalyse der linken Linken, die er ganz richtig als Erben von 1968 deklariert. Er überschreibt seine Einleitung mit dem Titel: »Immer auf der besseren Seite«. So packt er in fünf Worte, was das Lebensgefühl mancher dieser Leute von links ausmacht.

Zwischen Che- und Meinhof-Maskottchen, Anti-Kohl-Haltung und der Verherrlichung (oder Verdammung) des palästinensischen und der gleichzeitigen Verurteilung (oder Verteidigung) des israelischen Terrorismus fiel dann die Mauer und die beiden Seiten fanden wieder zueinander. In der Linken, so bewertete es Aly seinerzeit, war man nur suboptimal darüber erfreut – man war ja schon die bessere Seite. All die DDR-Bürger, die man grundsätzlich schon irgendwie reflexhaft als Linke wahrnahm, schließlich waren sie ja sozialistisch sozialisiert, seien gar keine richtigen Linken, wusste man im linken Westen. »Ungerufen zerstörten diese Ostler die mühsam aufgebaute Alternativgesellschaft«[9], schreibt dazu der Historiker.

Für viele der oben genannten Gruppen waren die DDR-Linken, was immer dieser schwammige Begriff auch bedeuten mochte, keine aufgeklärten Menschen, sondern von langer Hand verplante Handpuppen, die zwar irgendwie mal etwas Linkes geschnuppert haben mögen, die die richtige Luft aber nie inhaliert hatten in ihrer planwirtschaftlichen Untertänigkeit. Der Besserwessi kam halt nicht nur als Unternehmer nach Bitterfeld. Er konnte auch mit um den Hals gewundener Kufija die neuen Bundesländer betreten. Ja, Besserwessi zu sein, das war tatsächlich schichtdurchlässig und klassenübergreifend für jedermann praktizierbar.

So wuchs in der Linken eben nicht zusammen, was zusammen gehörte. Man verstand sich nicht, blieb sich fremd – die Mauer hatte ganze Arbeit geleistet und hielt Welten auseinander. Die westlichen Linken waren in ihrer materiellen Sorglosigkeit entweder total auf Toleranzthemen fixiert oder salbaderten über den Polizeistaat und den Faschismus, der sich wieder formiere. Die Ostdeutschen des real existierenden Sozialismus hingegen, die wollten sozialen Aufstieg, Konsum und Sicherheit. Und es war ja auch stets ihr kleiner Staat gewesen, der die soziale Frage als Präambel im alltäglichen Treiben beharrlich wiederholte, um vor den Bürgern begründen zu können, weswegen man die Dinge so bestellte, wie man sie letztlich be- und verstellte. Das Anspruch und Wirklichkeit auseinanderklafften, ist dann wieder eine andere Geschichte. Alle Menschen zu lieben und dann trotzdem zu schießen: Nun, das mag aus der inneren Perspektive des real existierenden Sozialismus nicht paradox erscheinen, könnte man mit Toller mit der »Ohnmacht des Geistes gegenüber der Übermacht des Faktischen« begründen. Besser verdaulich wird diese Vorgehensweise dadurch aber dennoch nicht.

Noch heute ist die deutsche Linke zwischen West und Ost gespalten. Es war Sigmar Gabriel, damals noch Vorsitzender der mittlerweile kleinen Splitterpartei der Sozialdemokraten, der den Linken des Ostens mehr realpolitischen Bezug attestierte als ihren westdeutschen Kollegen. Bei aller Kritik an diesem Ex-Vorsitzenden der SPD: Dass die Linke kein homogener Haufen ist, dass darunter viele westliche Wohlstandslinke ein Trauma verarbeiten, das hat er dann doch kapiert. Für Koalitionsbereitschaft reichte das trotzdem nicht. Ach, wäre er doch mal nach drüben gegangen!

Was Götz Aly als linke Beißreflexe Anfang der Neunzigerjahre beschreibt, der Vorwurf von Unmündigkeit, fehlender Emanzipation oder ähnlicher Charakterschwächen bedingt durch die DDR, wiederholt sich dieser Tage. Diesmal sind es nicht nur Linke, die das thematisieren: Es sind auch konservative Kreise, die den Rechtsruck in den östlichen Bundesländern als Ausdruck des DDR-Gemüts skizzieren wollen, um nicht die soziale Schieflage, die durch neoliberale Sparkonzepte verursacht wurde, als möglichen Grund anführen zu müssen. Innerhalb der Linken verschweigt man die Folgen der neoliberalen Agenda zwar nicht. Aber beim Bashing der Ostdeutschen ist man dennoch recht fröhlich mit von der Partie. Noch immer wittert man den unaufgeklärten Ossi, wenn er sich für die AfD entscheidet.

Dass es bei der letzten Bundestagswahl mehr Wessis als Ossis getan haben, sind nur irritierende Tatsachen, die die eigene Meinung bitte nicht beeinflussen mögen.

Der linke Besserwessi war dem heutigen Konservativen auch da mal wieder seiner Zeit voraus. Er hatte schon vor 25 Jahren beanstandet, dass die Ostdeutschen keine frei denkenden Menschen seien. Wenigstens da war er mal Trendsetter.

Mit Narzissmus gegen Nazismus

»Die deutschen Linken haben ja seit je eine besondere
Neigung, ›einen Narzissmus der kleinen
Differenzen‹ (Freud) zu pflegen und einen Großteil
ihrer Energie auf Ausgrenzungs- und
Abgrenzungsarbeit zu verwenden – eine recht
erfolgreiche Selbstzersetzungsarbeit, die den Eliten
ermöglicht, sich behaglich in einem Narzissmus
der großen Differenzen zum Rest der Bevölkerung
einzurichten.«

– Rainer Mausfeld –

Dass Schiffsarzt McCoy den Wissenschaftsoffizier namens Spock
nicht ganz so gut leiden mochte, hatte hauptsächlich einen
Grund: dessen analytische Kompetenzen. Nicht die spitzen Ohren oder der Umstand, dass Mister Spock aus einer anderen Welt
stammte, trieb McCoy zu seinen Wutausbrüchen. Er war ja nun
auch kein Rassist. (Rassisten sind im Kosmos von Star Trek ohnehin eine Seltenheit oder gar schon lange ausgestorben.) Nein,
so kleinlich war der knorrige Mediziner sicherlich nicht. Solange
Spock seinen Mund hielt und fromm in dieses Fernglas glotzte,
das in die Konsole der Schiffsbrücke mündete, war die Welt auf
dem Schiff der Enterprise noch ziemlich in Ordnung. Aber wehe,
er setzte an und erklärte den Menschen den Kosmos und seine

für die menschliche Wahrnehmung schier unglaublichen Unbegreiflichkeiten und zeigte dabei keine adäquat humane Regung, weil er sich ganz vulkanisch auf die Fakten limitierte. Dann qualmte es gehörig zwischen den Antagonisten im bunten Nicki. Kirk blieb freilich gelassen. Er wusste ob der Qualitäten seines Wissenschaftsoffiziers. Nur McCoy tobte, weil er einfach nicht begreifen mochte, wie jemand so ganz ohne Gefühle auch aussichtslose Situationen erfassen konnte.

Als ich als junger Mann die Abenteuer des Raumschiffs Enterprise verfolgte, war die Serie für mich Science-Fiction wie andere Formate auch. Mit mehr Background und Gehalt zwar, aber die feinen Nuancen, die erblickte ich dann erst später als politisierter Erwachsener. Wenn McCoy mit Spock im Clinch lag, barg das mehr als nur plumpe Situationskomik. Dahinter steckte regelrecht ein alter Widerstreit: Wie nimmt der Mensch sein Umfeld wahr und was macht es mit ihm? Die einen reagieren emotional auf die Geschehnisse. Meist lähmt das die Analyse und trübt die Entscheidungen. Hin und wieder kann man auch mit Gefühlswallungen noch angemessene Schlüsse ziehen. Das ist wohl unter anderem auch eine Charakterfrage. Und dann sind da noch diejenigen, die faktentreu bleiben, die Gefühlsduselei unter den Tisch fallen lassen und so versuchen, ein Phänomen möglichst frei von persönlichen Eindrücken einzuordnen. Das jedenfalls war mehr oder minder das Projekt der Aufklärung. Spock mimt die Rolle eines solchen Aufklärers, der befreit ist von etwaigen Regungen, die die Wahrheit trüben könnten. Und wenn man das Erbe der Aufklärung als das Feld betrachtet, das die politische Linke beackert oder doch wenigstens beackern sollte, dann müsste man fast sagen: Mister Spock ist ein Linker, der sich die Vorwürfe des besorgten Weltbürgers McCoy gefallen lassen muss.

Wobei der gute Schiffsarzt nun sicherlich nicht mit besorgten Bürgern unseres Jahrhunderts verglichen werden sollte. Er ist ja anderen Völkern gegenüber aufgeschlossen und immer gewillt, auch die Physiologie von Klingonen oder Romulanern zu studieren, um ihnen im Fall der Fälle mit seinem surrenden Salzstreuer helfen zu können. Da sieht es mit den heutigen Gegnern der Aufklärung schon ganz anders aus. Überdies sind nicht alle, die im Erbe der Aufklärung als Teil des linken Spektrums agieren, so gefühllos analytisch wie Spock. Auch da kochen die Herzen und rumort es in der Seele. Es sind eben Menschen und keine Vulkanier, die ihren Surak verinnerlicht haben. Zum Glück – muss man hinzufügen. So ganz ohne Empfindungen kann man zumindest als Mensch nicht politisieren.

Worauf ich aber hinauswill: Dieser Spock zeigt doch ganz gut, warum viele linke Ideen und Vorschläge auf Skepsis und Ablehnung stoßen. Es liegt am analytischen Element. Das ist keine sehr beliebte Einrichtung im Diskurs. Ich denke auch da an Jürgen. Er trat nicht selten auf wie McCoy, wenn man analytisch über den Dingen stand. Im Grunde war er ja empfänglich für Grundsätzlichkeiten, die man eher der klassischen linken Gewerkschaftsphilosophie zuschreiben würde. Aber fing man an, im eher kühlen analytischen Ton mit ihm über gewisse Entwicklungen oder Missstände zu philosophistern, dann klinkte er sich ganz gerne aus und knurrte wie »Pille« (McCoy). Das klang ihm dann zu intellektuell verschwurbelt, zu studentisch abgehoben, na, irgendwie weltfremd halt. Man mochte noch so richtig liegen mit der Einschätzung, trug man sie zu vulkanisch vor, wechselte Jürgen lieber das Thema, nachdem er einem gesagt hatte, dass er diese spitzfindige Haltung gerade unangenehm finde. Auf den Kopf gefallen war der Mann nun aber wahrlich nicht. Er gab nur einfach den McCoy, ihm fehlte bei der unterkühlten Bestandsaufnahme ein Affekt, ein sensitives Element sozusagen. Die Rechtspopulisten machen es oft gerade andersherum. Sie schnüren sich die Knobelbecher auf emotionalem Terrain und geben dabei die analytische Komponente auf.

So gesehen hat es linke Politik grundsätzlich nicht so leicht, speziell dann nicht, wenn sie in ihren besten Momenten cool das benennt, was ist und Möglichkeiten aufzählt, was wie sein könnte, wenn man sich dazu entschließen möchte. Die linken Linken aber, die durchweg einen rein vulkanischen Weg beschreiten und in ihrer fortwährenden Analysefreudigkeit fast unmenschliche Züge annehmen, punkten nicht nur selbst nicht bei den Menschen. Sie nähren damit das Stereotyp des Linken schlechthin. Eines Menschen, der dauernd im Analysemodus feststeckt, dabei keinen Spaß versteht und nur mit Moralin tankt.

Die Menschen legen analytische Fähigkeiten manchmal leider als Arroganz aus. Mit einer Eitelkeit aber, die auf einer durchgängigen Arroganz gründet, immer den absoluten Durchblick zu haben, während andere stets fehlgehen, fügt man den eigenen linken Idealen nur Schaden zu. Dann koppelt man das Erbe der Aufklärung ab von dem, was man in einer Demokratie benötigt: Massenkompatibilität.

Als narzisstische Avantgarde gefällt man sich nur selbst. Will man jedoch die Deutungshoheit über die gesellschaftlichen und wirtschaftlichen Prozesse erlangen, muss man auch anderen gefallen.

Die Moralkeule von der Geschicht'

Es ist nichts dagegen einzuwenden, wenn man ein positives Gefühl zu sich selbst hat. Wenn man Selbstvertrauen an den Tag legt und sich selbst gut leiden kann. Ganz im Gegenteil, so ein Selbstbezug erleichtert einem das Dasein ungemein. Für Masochisten scheint die Sonne hingegen deutlich weniger.

Problematisch wird es, wenn man sich selbst anhimmelt. Wenn die Selbstbewunderung dazu führt, Dinge aus reiner Eitelkeit zu betreiben. Zwar stellt der Psychoanalytiker und Sozial-psychologe Erich Fromm vielleicht ganz richtig fest, dass »die Liebe zu anderen und die Liebe zu uns selbst [...] keine Alternativen [darstellten]«[1], sondern gegenteilig: So »wird man bei allen, die fähig sind, andere zu lieben, beobachten können, dass sie auch sich selbst lieben«. Doch das Problem beim Narzissten ist, dass er ja eben nicht zuerst die anderen respektiert, um sich seinen Selbstrespekt zu zollen. Letzteren sichert er sich über den Umweg mangelnden Respekts anderer gegenüber. Während Fromm, romantisch wie eh und je, davon ausging, dass der Bezug zu anderen und der zu sich selbst über dem Strich einer Addition steht, hat der Narzisst gemeinhin den Strich zwischen sich und den anderen gezogen und damit deutlich gemacht: Unterm Strich zähl' ich.

Narzissmus kann natürlich viele Gesichter haben. Ein jedes von ihnen gefällt sich natürlich selbstverliebt im Spiegelbild. Es gibt den klassischen Narzissmus, den man heute noch in jeder Straßenbahn erblicken kann. Gefallsüchtige junge Leute, eitel bis zum Anschlag, dauerhaft mit sich beschäftigt. Sie danken innerlich jeden Tag dem höheren Wesen, das uns das Mobiltelefon und dessen Funktion der Selfie-Fotographie geschenkt hat. Denn so ein mobiles Telefon kann man ganz pragmatisch als portablen Spiegel benutzen. Natürlich vergisst man bei diesem Dankgebet niemals, dass dieses höhere Wesen nicht ansatzweise so hübsch ist, wie man sich selbst wähnt. Selbstvergessen darf man bei gut organisierter Selbstliebe nicht sein: Das könnte den so mühsam aufgebitchten Selbstwert in eine Talsohle abgleiten lassen.

Dann gibt es etwas, was man als Wissensnarzissmus titulieren könnte, ausgelebt von Personen, die sich selbstverliebt im Antlitz ihres Wissens sonnen. Manchmal ist es nur Partikularwissen, irgendeiner, der zum Beispiel alle Bundesligaergebnisse seit 1963 kennt und sich ob dieses Wissens selbst so sehr bewundert, dass er sich dabei vergisst und gar nicht mehr bemerkt, dass er eigentlich ein Freak ist. Und dann gibt es da noch diejenigen, die tatsächlich etwas wissen – oder die nur meinen, Allwissen getankt zu haben. Letztere sind eine schwierige Klientel.

Auf eine gute Allgemeinbildung und alles, was darüber hinausgeht, kann man sicherlich stolz sein. Wenn man diese Grundlage aber dazu verwendet, um auf alle anderen herabzublicken, wird es unangenehm. Es ist eigentlich tragisch, dass man als inkarnierte Enzyklopädie, vollgepackt mit gesammeltem Wissen, immer noch die vermeintlich bildungsfernen Schichten benötigt, auf die man verächtlich blicken kann, um sich selbst erst geadelt zu wissen.

Eine besondere Spielart des Narzissmus findet man erstaunlich häufig unter den linken Linken. Sie sind ja an sich nicht eitel, wenn es um Klamotten oder Schminke geht. Solchen Firlefanz klassifizieren sie ja als Ausdruck des kapitalistischen Verwertungsprozesses. Wer sich aufhübscht, der betreibt Wettbewerb und will sich innerhalb des Systems durchsetzen. Anders gesagt, wer Markenjeans trägt und Lidschatten aufträgt, der stellt nicht die Systemfrage. Diese Einschätzung besticht in Facetten tatsächlich. Ganz von der Hand zu weisen sind nämlich viele Theorien aus diesem politischen Spektrum nicht. Die Frage ist nur, ob Leute wie Jürgen mit einem solchen theoretischen Ansatz etwas anfangen können oder nicht.

Aber zurück zum Thema. Die sinnliche Wahrnehmung ist es jedenfalls nicht, die in diesem Lager von narzisstischer Bedeutung ist. Womit man sich in die Selbstbewunderung stürzt, ist ein idealistischer Ansatz: Man will ein guter, weil gescheiter Mensch sein. Die Moral ist hier nicht nur Steckenpferd, es ist exklusive Gesellschaft. Über die Moral grenzt man sich zu anderen ab und schönt das eigene Dasein. Moralische Hässlichkeit den anderen, dem System, den unbedarften Bürgerinnen und Bürgern zu unterstellen – ob berechtigt oder nicht, ob aus Anlass oder unvermittelt –, damit erhebt man sich tagtäglich in den Rang eines moralisch einwandfreien Menschen.

Wo Moral am besten funktioniert, das ist die Geschichte. Denn das Vergangene kennt man. Wenn man geistig an irgendeinen Punkt in der Vergangenheit zurückkehrt, kennt man von dort aus schon das, was bald geschehen wird. Wer die Zukunft aber kennt, der kann sich mit Kalkül richtig verhalten. Das ist ja gerade die Grundlage dessen, was wir heute Informationsgesellschaft nennen. Wer Informationen hat, der hat Machtpotenzial. Ist man informiert, kann man sich auf etwaige Entwicklungen einstellen. Die »Gnade der späten Geburt« nannte das mal ein beleibter Bundeskanzler. Weniger dick aufgetragen könnte man festhalten: In die Zukunft blicken – das geht nicht und wird uns wohl, glaubt man zeitgenössischen Physikern, auch nie gelingen.

Spätestens hier sind wir beim Antifaschismus angelangt, besser gesagt, bei den Antifaschisten, die wir im letzten Kapitel schon in aller gebotenen Kürze kennengelernt haben. Gedacht war der Antifaschismus ja stets als ein *Memento mori*, als Gedenken an den millionenfachen Mord an Juden, Sinti und Roma, Schwulen und Kommunisten. Als etwas, das sich nicht wiederholen dürfe. Auschwitz sollte nie wieder geschehen. Das war die Grundlage. Der Antifaschismus der linken Linken aber beinhaltet oft ganz andere Schwerpunkte. Er will nicht warnen und mahnen – er will diskreditieren. Ein falsches Wort und man wird ohne viel Federlesens in die Riege vergangener Mörder eingereiht. Hier wird Moral nicht als ethischer Imperativ verstanden, sondern als Waffe missbraucht. Man missbraucht Auschwitz viel zu häufig als »jederzeit einsetzbares Einschüchterungsmittel oder Moralkeule oder auch nur Pflichtübung«[2] und instrumentalisiert so die Shoa und befleckt damit das Andenken der Opfer jener braunen Jahre. Man tut eigentlich tragischerweise genau das, was der Antifaschismus seinem Wesen nach ausschließen will.

Nehmen wir zum Beispiel mal die immer wieder aus dem linken Lager kommende Kritik an Oskar Lafontaine. Die hat da schon eine kleine Tradition. Als er vor Jahren, es war der Juni 2005, mal von Fremdarbeitern sprach, die aufgrund der Osterweiterung der Europäischen Union nach Deutschland kämen, erntete er natürlich breit gefächerte Empörung. Damals war der Shitstorm noch nicht erfunden, Facebook war ein noch unentdecktes Land und von Twitter zwitscherte noch gar keiner – und so blieb ihm ein Spießrutenlauf mit Hashtag-Psychose erspart. Rechts der Mitte, im Zentrum selbst und selbstverständlich links der Linken musste er sich für dieses Wort ohrfeigen lassen. Fremdarbeiter habe es nämlich bei den Nationalsozialisten gegeben. Als Begriff, aber natürlich auch ganz konkret als traurige und ausgebeutete Wirklichkeit. Daran ist natürlich nicht zu rütteln – so weit, so treffend die terminologische Analyse. Aus dem ehemaligen Sozialdemokraten einen Rechtspopulisten zu destillieren, ihm geistige Nähe zur NPD und ihn letztlich der mentalen Brandstifterei zu bezichtigen: Das ist so dumm wie geschichtsvergessen. Die Fremdarbeiter, die die Nazis ins Land holten, waren Sklaven. Sie hatten keine Rechte. Ihren gesundheitlichen Verfall durch Arbeit nahm man als nicht mal sehr bedauerlichen Nebeneffekt in Kauf. Da ging es ihnen tatsächlich noch etwas besser als den Menschen in den Konzentrationslagern, die ganz gezielt durch Arbeit vernichtet wurden. Lafontaine benutzte dieses Wort dummerweise auch. Aber nichts von dem, was man sich in Hitler-Deutschland unter diesem Label vorstellte, war Bestandteil dessen, was er im Rahmen seines Gedankenanstoßes ansprechen wollte. Ihm ging es um das Lohndumping der Arbeitgeber, um billige Arbeitskraft, die man ins Land hole und um den Fürsorgeauftrag des Staates. Und zwar sowohl gegenüber der eigenen Bevölkerung als auch gegenüber den Menschen, die ins Land geholt werden. Im Nachgang betonte er nochmals explizit, dass er mit dem Begriff etwas ganz Bestimmtes betonen wollte. Er »habe Hemmungen gehabt, Menschen, die in Container gepfercht werden und zu Hungerlöhnen arbeiten, als Gastarbeiter zu bezeichnen«, erklärte er auf dem Bundesparteitag der WASG einige Wochen nach seiner erstmaligen Erwähnung der Fremdarbeiter.

Das hinderte die Trotzkisten von der *Sozialistischen Alternative* (SAV) allerdings nicht, noch fünf Tage nach dieser Konkretisierung zu behaupten, dass seine Aussage »dieselbe Wirkung wie die ausländerfeindlichen Parolen der Neofaschisten«[3] erzeuge. Sie lenke nämlich davon ab, »den wahren Verantwortlichen für Massenarbeitslosigkeit und Niedriglöhne« zu benennen. Zwar bemühte sich die SAV weiter im Text redlich, Lafontaine nicht völlig in die rechte Ecke zu stellen. Richtig gelingen konnte das aber nicht mehr, nachdem man ihn und die Parolen der Rechten sozusagen inhaltlich einer Gleichschaltung zugeführt hatte. Uh, Gleichschaltung – ich befürchte, das ist keine sonderlich gute Wortwahl an dieser Stelle.

Im Nachhinein konnte man übrigens feststellen: Der Mann hatte den richtigen Riecher. Polnische Baufirmen, meist nicht mehr als Ich-AGs mit befreundeten Gehilfen als Angestellten, wurden auf dem Bau ausgebeutet und nebenher senkte sich sowohl das Lohnniveau als auch die Auftragslage bei der deutschen beziehungsweise bei der ansässigen (was hier lebende Ausländer meint) Konkurrenz. Gute Arbeit leisteten diese fleißigen Handwerker aus Osteuropa in der Mehrzahl aber trotzdem.

Den linken Linken war die exegetische Haarspalterei aber viel wichtiger. Da ging es nämlich um geradezu faustische Grundsätzlichkeiten. Und nicht um ökonomische Grundprinzipien, nicht um das tägliche Ringen der Arbeiter und Angestellten da draußen. Nicht um den Jürgen und seine Sorgen etwa. Sie betrieben das Geschäft, das auch die konservativen Medien gepflegt hatten, noch ein ganzes Weilchen weiter. Von *FAZ* bis *Bildzeitung* hatte sich nämlich eine große Sorge manifestiert: Es könnte sich eine Linkspartei anbahnen, die ins neoliberale Eiapopeia vordringt, um die schöne Party zu sprengen. Laut Umfragen bekannter Meinungsinstitute konnten sich in jenen Tagen bis zu 20 Prozent der Wahlberechtigten vorstellen, einer Linkspartei ihr Vertrauen auszusprechen. Jeder Strohhalm, der sich bot, um eine solche Alternative zu diskreditieren, musste daher ergriffen werden. Und als der Fremdarbeiter begrifflich über Lafontaines Lippen kroch, strampelten sich die Leitmedien noch immer wie wild im neoliberalen Reformwahn ab. Im Modus leichter Untermalungsmusik zur neoliberalen Neuausrichtung der Gesellschaft unterließen sie kritische Töne und wiederholten beharrlich, wie wichtig und richtig die Agenda 2010 und der Sparhaushalt für uns alle sei. Wenn da einer wie Lafontaine redet, drohend mit einer Linksalternative, dann könnte das alles bald versanden. Die Wortwahl Lafontaines bot Angriffsfläche, so konnte man ihn unglaubwürdig machen. Nach einigen Tagen ließ man aber trotzdem ab, vor dem Dorf lauerte schon die nächste Sau und Lafontaine war schon ausreichend in die Ecke eines rassistischen Hetzers gestellt worden. Neben ihm ließ man den Reformkanzler Schröder oder aber seine damalige Alternative, die Alternativlose aus der Uckermark, als Ausbund antifaschistischer Lebensausrichtung aussehen.

Ganz links aber hatte man noch lange damit zu tun. Vier Jahre später kam Lafontaine nach Frankfurt. Mittlerweile war er der Parteivorsitzende dieser Linkspartei, vor der sich die Neokonservativen so arg fürchteten, die sie aber mit Kampagnenjournalismus halbwegs kontrollierbar hielten. Die Antifa Frankfurt ist wie ein Elefant. Sie vergisst nicht. Sie kann sich auch wie ein Rüsseltier nicht vorstellen, dass Menschen sich ändern, sich kritisch zu dem einst mal Gesagten positionieren oder das Geäußerte nochmal konkretisiert haben. Und so bewarfen sie den Mann in einem Anflug von erwachsenem Benehmen bei einer Großveranstaltung mit den Gewerkschaften mit Eiern und behaupteten danach selbstsicher, dass dies »die richtige Antwort« auf seine

»Hetze gegen Fremdarbeiter« gewesen sei[4]. Die Sprecherin der Linksradikalen, eine gewisse Sahra Brechtel, bezichtigte ihn außerdem eines »menschenverachtenden Standortnationalismus«, der auf Lafontaines politischem Verständnis gründe, das als »schlichtweg nationalistisch und rassistisch« zu bewerten sei. Schlichtweg – das ist so ein Wort, das häufig dann ausgewählt wird, wenn man wenig Argumentatives zur Untermauerung hat. Schlichtweg einfach macht man es sich da. Zwischen Lafontaine und Roland Koch, der gerne mit falschen Zahlen zur Ausländerkriminalität in Wahlkämpfe zog, läge der Unterschied »vor allem in der Verpackung«, verkündigte Frau Brechtel weiter.

Die Frankfurter Antifa war natürlich für eine linke Bewegung. Das wiederholen diverse Antifas übrigens immer wieder gerne. Verwunderlich ist es daher, dass die Antifas ständig die Nase rümpfen, wenn linksliberale Bündnisse entstehen. Warum das so ist, beantwortete Frau Brechtel im Rahmen der Anti-Lafontaine-Aktion gleich mal mit: »Denn natürlich muss eine linke Bewegung möglichst breit und meinetwegen auch bunt sein, die erste Voraussetzung ist aber, dass sie wenigstens links ist.«

Ah ja! Was links ist, das entscheiden die linken Linken. Das ist ihr Metier. Man postuliert den Pluralismus und die bunte Republik, aber wenn jemand, der vermeintlich in den eigenen Reihen steht, etwas sagt, was einem von den Begrifflichkeiten nicht so doll gefällt, dann haut man aber auf den Putz. Was bunt ist, das bestimmten die Schwarzkapuzen ganz alleine. Das muss sich damals, als man dem Lafontaine das Linkssein aberkannt hat, richtig kuschelig angefühlt haben. Denn das war einer dieser Augenblicke, wo sich der Narzissmus als Gruppendynamik Bahn brach. Da war wieder mal definiert, wer die Guten sind und wer nur so tut als ob.

Der Psychotherapeut Hans-Joachim Maaz arbeitete vor einigen Jahren heraus[5], dass wir uns in einem recht fruchtbaren Zeitalter für Narzissten befinden. Die westliche Medien- und

Konsumwelt fördere solche Charaktere vorzugsweise. Der Kern einer narzisstischen Persönlichkeit entstehe allerdings in den familiären Strukturen, also in der frühen Interaktion mit den Eltern. Wenn also unter den linken Hipstern unzählige aus Haushalten stammen, in denen Übereltern den Spross insofern förderten, ihn zum Nabel der Welt für sie und ihr Umfeld zu küren, dann kitzelt man den kleinen Narziss an den Sohlen. An der Stelle mag manchem der eine oder andere studentische Radikalo einfallen oder einer dieser der Antifa nahestehenden AstA-Kollegen, denen Papa ein Studium finanziert. Dass diese Gesellen sich so häufig als bessermenschelnde Narzissten aufführen, darf man nach dieser Lesart also bitte nicht mit einem Zufall verwechseln. Hier haben wir es vielmehr mit einer ganz logischen Folge dieses Umstandes zu tun.

Der wahre Wert: Ein Warenwert

Beispiele wie jenes um Lafontaine gibt es genug. Besonders in den letzten Jahren flackert immer dann der Widerstand der linken Linken auf, wenn es zu Aussagen kommt, die von realpolitischem Gespür zeugen. Explizit die Flüchtlingskrise oder besser gesagt die Frage danach, wie wir Unterbringung, Integration und die Sicherstellung der Versorgung der Geflüchteten regeln wollen, führte in den letzten beiden Jahren immer wieder dazu, linken Politikern einen angeblich rechten Anstrich verpassen zu wollen oder sie als Speerspitzen einer Querfrontstrategie zu verunglimpfen. Mit ihrer Weigerung, sich sachpolitisch an einem Diskurs zu beteiligen, standen die linken Linken mit einem Schlag jener sprichwörtlich gewordenen kanzlerischen Parole näher als einem sachlichen Diskurs. Denn es waren ja sie, die lapidar feststellten: Wir schaffen das. Wird schon werden. *Et hätt noch emmer joot jejange.* So viel Fatalismus – oder soll man sagen: Gottgläubigkeit? – stellt innerhalb der Linken tatsächlich ein Kuriosum dar. Erstaunlich ist wirklich, dass die linken Linken auf dieser Ebene mit einer Unionskanzlerin auf einer Wellenlänge liegen. Wenn das der Kohl noch erleben dürfte …

Dieses gesamte Verhaltensmuster ist so narzisstisch motiviert, wie es Ausdruck einer irrationalen Imagegebung ist. Da geht es um Abhebung und Abgrenzung, um die Profilierung des eigenen Ansehens, vielleicht sogar Prestiges. Das auf den ersten Blick unverwechselbare Gute zur Schau zu stellen kommt einem Gütesiegel am ideologischen Gemüsestand gleich. Das Öko-Label für reine Ethik, biologisch angebaut und nach etwaigen Schadstoffen geprüft. Ohne Image ist heute nichts mehr los, auch nicht für jene Linken, die über allen realpolitischen Problematiken zu stehen gedenken.

Exemplarisch ist ein Artikel, den Thomas Ebermann, ökosozialistischer Gründer der Grünen, der sich nach seinem Parteiaustritt auch in der dogmatischen Ecke und Bedeutungslosigkeit festgefahren hat, für das *konkret*-Magazin[6] schrieb. In ihm kanzelte er die Protagonisten der internationalen Linken als Nationalisten und Wegbereiter rechter Alternativen mit der Attitüde des Erleuchteten ab. Sein großer Rundumschlag strotzte nur so von fundamentalistischen Betrachtungsweisen und ideologisch vorgefertigten Phrasen, dass demgemäß ganz folgerichtig keine substanziellen Gedankengänge Platz fanden, die in der politischen Auseinandersetzung relevant werden könnten. Ebermann gerierte sich in dem Text als Destruktivist, der offenbar absolut keinen Schimmer hat, wie man der europäischen Krise, dem Neoliberalismus und dem Rollback nationalistischer, chauvinistischer und rassistischer »Alternativen« so begegnen könnte, dass sich konstruktive Gegenmaßnahmen daraus entspinnen.

Ob nun Noam Chomsky oder Yanis Varoufakis, der Keynesianer Heiner Flassbeck oder – da ist er wieder! – dessen ehemaliger Wirtschaftsminister Oskar Lafontaine nebst Gattin Sahra Wagenknecht, ob die Initiatoren der linksliberalen Internetplattform »NachDenkSeiten« und deren Redakteur Jens Berger oder Ken Jebsen, ob Podemos, Syriza oder Jeremy Corbyn vom linken Flügel der Labour Party: Alle fertigte er als Steigbügelhalter der Rechten ab oder tituliert sie gleich selbst als solche. Alles mehr oder minder Nazis – außer Thomas.

Alle Genannten würden sich inhaltlich nicht wesentlich von der AfD oder dem französischen Front National unterscheiden, behauptete er in dem Text keck. Und das ganz ohne selbst inhaltlich etwas vorzutragen. Als Doppelstandard könnte man das nüchtern bezeichnen. Weniger sachlich nennt man das wohl ein Armutszeugnis, das unter seinen Anhängern als etwas völlig anderes gefeiert wird: als Courage nämlich, als großen Wurf des linken Anstandes gegen eine angeblich linke Anpassung und alle »linken Rechten« allgemein.

Stephan Hebel, Journalist der *Frankfurter Rundschau*, warf er allen Ernstes dessen Büchlein[7] vor, in dem er sich mit den Wählern der Rechtspartei insofern befasst, als er ihnen aufzeigt, welcher falschen Alternative sie da eigentlich in den Sattel helfen. Schon dass er im Titel seines Buches die direkte Anrede gewählt habe und die AfD-Wähler als »sehr geehrte« begrüßte, empört Thomas Ebermann außerordentlich. Außerdem würde »jedes humanistische Argument in diesem Buch überlagert von Berechnungen der instrumentellen Vernunft«, warf er Hebel vor. Weil der Journalist mit sachlichen Argumenten aufwartet, die ökonomische Marschroute der Rechtspartei skizziert und so versucht, den »sehr geehrten AfD-Wähler« von einer anderen Alternative zu überzeugen, glaubt Herr Ebermann einen Beleg dafür entdeckt zu haben, dass da wieder ein vermeintlich Linker nicht so links ist, wie es sich eigentlich gehörte in einer gerechteren und besseren Welt.

Ein richtiger Linker sollte nämlich Wähler rechter Parteien schelten und nicht erst versuchen, sie mit Argumenten in ein anderes Lager zu treiben. Diese Haltung legt nicht nur Herr Ebermann in seinem Artikel an den Tag. Sie kommt ziemlich häufig unter linken Linken vor.

Nachdem Oskar Lafontaine – Mensch, da ist er ja abermals! – einige Wochen vor dem Artikel Thomas Ebermanns in einem Interview auf Colin Crouchs These hingewiesen hatte, wonach unkontrollierter Grenzverkehr ein neoliberales Konzept sei, handelte ich mir in den sozialen Netzwerken einen Rüffel ein, als ich im Laufe einer Debatte zu diesem Thema kurz anriss, man müsse mit realistischer linker Politik die Menschen überzeugen, gerade auch die, die zu rechten Menschenfischern abwandern. Man könne mit sicher gut gemeinter Willkommenshaltung nicht den naiven Idealismus aufrechterhalten, dass wir mit der hübschen Vorstellung offener Grenzen befriedigende Politik machen könnten. Das nehmen die Leute einem einfach nicht ab, weil sie es für unrealistisch halten. Das aber sei ein großer Fehler, antwortete mir einer; überhaupt könne man jene Leute, die AfD wählen würden, nicht anders als als Nazis bezeichnen. Mit denen könne eine Linkspartei doch nichts mehr anfangen. Da liegt die Vermutung nahe, dass es wahrscheinlich genau so aussieht, wenn Parteien ihr Volk auflösen wollen, um ein neues zu wählen – um es mal mit Brecht zu sagen.

Auf Basis welcher Wählerstimmen will man denn ins Parlament einziehen?, fragte ich zurück. Antwort eines anderen Users: Ohne die Antifa ist die Linke keine Linke mehr. Aha, eine Parole als Argumentationsmuster. Da war es wieder, das Image der wirklich wahrsten Linken im Land. Der User outete sich in seinem Profil als Mitglied oder Anhänger der kleinen Partei ÖkoLinX – noch so eine Parteigründung von der Grünen-Mitbegründerin Jutta Ditfurth, die uns ein bisschen später noch beschäftigen wird.

Zurück zu Ebermann. Kämpfte man sich aber dann mit viel Mühe durch seine behäbigen Sätze, so wurde einem dann doch so nach und nach begreiflich, was er eigentlich sagen wollte: Er warf der internationalen Linken auf den Punkt gebracht vor, sich zu sehr auf den Nationalstaat zu besinnen. Im Grunde warf er all den abgefallenen Linken in seiner Aufzählung ihren Pragmatismus vor, weil sie an Strukturen festhielten, die organisatorisch vorgefertigt und historisch gewachsen sind, anstatt einfach im Namen eines nicht näher beschriebenen Internationalismus neue Wege zu beschreiten. Sie hätten mindestens eine neue Weltordnung ausrufen sollen. Während also all die Linken und Linksliberalen, die er in seinem Text ohrfeigt, versucht sind, etwaige Lösungsstrategien auf realpolitischen Grundlagen zu entwickeln, hat der Mann nichts anderes im Sinn, als ihnen zum Vorwurf zu machen, zur Behebung der Probleme nicht auf Basis des Idealismus zu agieren. Sie könnten ja schließlich auf einen Balkon steigen und das Ende der Nationalstaaten verkünden und damit die Weltprobleme mit dieser Maßnahme einfach abschaffen.

Das ist das wesentliche Problem dieser speziell linken Profilierungssucht. Um immer auf der besseren Seite sein zu können, muss man manchmal sein Image intellektuell verbrämen. Man muss, um es mit Jürgen zu sagen, schlaue Sprüche reißen. Offenbar gilt dort: Wer wortreich ausholt, dem verzeiht man auch inhaltlich Unausgegorenes.

Das Gute ist letztlich auch nur Imagepflege. Wenn man selbst nichts vorzuweisen hat, was eine Debatte befruchtet, kann man immer noch mit dem Finger auf andere zeigen und ihnen eloquent das Schlechteste unterstellen. Das ist kein explizites Ebermann-Prinzip. Nicht mal seiner ex-grünen Gründerkollegin Jutta Ditfurth, die es in dieser Disziplin zu einer ansehnlichen Meisterschaft gebracht hat, könnte man die in Kauf genommene Weltentfremdung aus Imagegründen vorwerfen. Nein, dieses Prinzip ist vielmehr ein ganz allgemein borniertes Lebensgefühl der Klientel an den äußersten Rändern der Linken.

Weil man in diesen Gefilden die »Theorie des guten Menschseins«, also den ideell absoluten Einklang zwischen der *conditio humana* und der Sehnsucht nach totaler Ethik für etwas Unantastbares und eigentlich leicht zu Verwirklichendes ins Transzendente idealisiert, salbadert man eben an Realitäten vorbei. Da wirft man der internationalen Linken eben vor, sie habe den Nationalstaat noch nicht überwunden und theoretisiert etwas vor sich hin, während es da draußen reale Probleme und Sorgen für Geflüchtete, Arbeitnehmer und alle vom Arbeitsmarkt Abgeschnittenen gibt. Aber keine Bange, die Damen und Herren vom Rand machen sich derweil Gedanken, ob man die Folgen der Flüchtlingskrise nicht einfach überwinden könnte, indem wir zum Beispiel ab jetzt alle Grenzen auflösen und uns so über alle staatlichen und gesellschaftlichen Problematiken hinwegsetzen. Wenn es zu kompliziert, zu vielschichtig und detailliert wird, hilft unter linken Linken nur eines: eine Grundsatzdebatte – und zwar jetzt sofort!

Wie wollen wir mit weiteren neoliberalen Schocktherapien umgehen, wie reagieren auf die Stärkung des Primats der Wirtschaft? Antworten: *Kapitalismus abschaffen! Nationalismus raus aus den Köpfen!* Aber sich am Ende wundern, warum man nicht ernst genommen wird, warum alle rumstehen und kopfschüttelnd lachen. Wieso man nicht nur die Deutungshoheit verloren hat, sondern auch im Nirvana des politischen Betriebes gelandet ist.

Der wahre Wert liegt für die linken Linken in der brutalstmöglichen Opposition. Dort wird nicht pragmatisch nach schrittweiser Verbesserung der Lebensumstände oder nach Lösungen für Notlagen gesucht, sondern gleich der verbale Knüppel ausgepackt. Der wahre Wert ist letztlich, dass man auf diese Weise seinen Warenwert links außen beziffern lässt. Wer lauter der Abkehr vom diesseitigen Realismus frönt, der darf sich erleuchtet wähnen und der erntet in der eigenen kleinen Wohlfühlnische Beifall. Der Gutmensch ist in diesen Sphären gar nicht das Thema – hier ist man schon weiter, hat die Evolution die nächste Stufe erlangt. Der *Bessermensch* geht voran; er bietet seine Planlosigkeit als profundes politisches Fachwissen feil und je idealistischer und abgehobener, desto mehr gilt er als standhaftes Exemplar seiner Art.

Aber wehe, er sagt demnächst etwas, was auch nur zwischen den Zeilen Interpretationsspielraum lässt: Dann gibt es einen Shitstorm. Hashtag Nazi! Der Wind, der einen in Scheiße hüllt: die beste Erfindung der sozialen Netzwerke überhaupt. Unter linken Linken lehnt man den natürlich grundsätzlich von der Sache her ab, schließlich ist man Avantgarde, gehört man der Elite der Allwissenden an. Aber diese stürmische Schattenseite der Netzwerke ist ja dann schon irgendwie chic, wenn es die Richtigen trifft. Wer die Richtigen sind, das entscheiden – richtig: die Bessermenschen. Sie haben den Durchblick.

Die Ökonomie der Totalitärethik ist letztlich das Konzept, mit dem man jeden Bruder im Geiste als Menschen, dessen Irren ja bekanntlich menschlich ist, im Kern zu einem Kontrahenten erklären kann. Wer lange genug bei seinem Nächsten sucht, der findet schon irgendeine Schwäche, auf der man rumreiten kann. So wertet man sich auf.

Mal die Luft anhalten: Ein adoleszentes Trotzverhalten

Pepe ist kein linker Linker und nicht bei einer der Antifas tätig. Er ist kein Ditfurthianer oder weiß der Teufel was in dieser Richtung. Wie auch, er ist ja ein erst ungefähr acht Jahre alter Pimpf – und existiert nur als Comic-Figur ungefähr 50 Jahre vor Christus und geht Asterix und speziell Obelix tierisch auf die Nerven. Kriegt er seinen Willen nicht, so hat er eine einfache, ziemlich effektive Methode entwickelt, um doch noch zum Ziel zu gelangen: Er hält die Luft an. Und das, bis er rot wird.

Was René Goscinny und Albert Uderzo als den spanischen Stolz[8] persiflierten, der in Gestalt dieses respirierend erpresserischen Knaben ins gallische Dorf einzog, das macht bei manchen Linken die ganz normale Alltäglichkeit aus. Wie Pepe bestreiken sie dann ihre Lunge, weil ihnen dies oder das nicht passt, weil sie an einem Mangel an Argumenten leiden oder weil das allgemeine Lebensgefühl in eine Schieflage zu geraten droht. Wobei hier die Lunge metaphorisch für Synapsen steht, denn eigentlich sind es ja die, die den fröhlichen Ausstand ertragen müssen.

Linke Linke sind stolze Spanier. Im übertragenen Sinne selbstverständlich, denn Nationales aller Couleur liegt ihnen fern. Das Kind im Manne und in der Frau kommt zuweilen als trotziges kleines Gör zum Vorschein. Trotzkisten heißen vermutlich auch so, weil sie den Trotz zu einem Instrument ihres politischen Bewusstseins umfunktioniert haben. Bei manchen spielt er sogar die erste Geige. Nun gut, den guten Trotzki machte schon ein bisschen mehr aus als Luftanhalten. Aber die, die mit dieser Sowjetfigur heute noch liebäugeln, ob die so viel mehr auf dem Kasten haben: Man weiß es nicht.

Nicht nur Trotzkisten, auch andere dieser Splittergruppen mögen es natürlich trotzig. Und zwar immer dann, wenn sie merken, dass sie sich im Zugzwang befinden, weil einige ihrer Ansichten nicht ganz so mehrheitsfähig sind. Um nicht zu sagen: Weil ihnen mal wieder klar wird, dass sie das Minderheitenvotum einer Minderheit, die Promille im Wettbewerb potenzieller Ansichten sind. Dann hält man die Luft an, sagt vorher aber noch, dass Mehrheit ja kein Garant für Wahrheit sei und dann *Hmpfff!* Das stimmt jedoch schon: Mehrheit ist nicht Wahrheit. Minderheit ist es aber ebenso wenig. Letzteres sagen sie nur nicht. Können sie auch gar nicht, so ganz ohne Luft in den Atemwegen.

Die Adoleszenz ist ein blödes Alter. In ihr wird man fast die gesamte Zeit mit guten Ratschlägen, aber hin und wieder auch mit triftigen Argumenten konfrontiert. Das ist doof, denn in jenen Lebensjahren weiß man es ja ohnehin besser als alle anderen. Wenn man sich dann etwas sagen lassen muss, was vielleicht nicht von der Hand zu weisen, aber im Augenblick nicht sonderlich beliebt ist, braucht es eine Taktik, um sich innerlich davon distanzieren zu können: Man trotzt. Ohne etwas Substanzielles entgegenzuhalten. Muss man auch gar nicht. Dies ist das Recht der Jugend. Das darf sie. Das soll sie. Das muss sie entwicklungspsychologisch betrachtet auch – behaupten heute jedenfalls Pädagogen.

Der linken Linken Trotz lässt sich ziemlich gut in ihrem Umgang mit der Polizei beobachten. Besonders bei Demos legen sie eine Attitüde an den Tag, die an den infantilen Sport von Berufsjugendlichen erinnert, welche sich in ihrem Trotzverhalten gegenüber Uniformierten zu überbieten versuchen. Unter dem aufpeitschenden Gegröle ihrer Kolleginnen und Kollegen trotzt man der Polizei nicht Respekt ab, sondern nur vergebliche Deeskalationsversuche. Bis es dann eben doch Zugriffe gibt und sich die Trotzigen bestätigt fühlen: Sie hatten eben doch recht, die Bullen seien halt nun mal Faschos, warten nur darauf, unbescholtene Demonstranten vor ihre Knüttel zu kriegen. Jetzt habe man es wieder mal gesehen. Ein Schweinesystem sei das. Man muss offenbar kein Autor eines RAF-Kassibers sein, um zu dermaßen beschränkten Einschätzungen zu gelangen.

Bei einer Demo gegen Rechts, der ich vor einigen Jahren mal beiwohnte, eiferten sich mehrere Junge und Alte in schwarzen Pullovern mit Aufnähern drauf, dass die Polizisten nicht so hart gegen einen ihrer Kollegen hätten vorgehen dürfen. Er habe lediglich einen Beamten angespuckt, nicht mal richtig nass und rotzig, nur mehr so symbolisch. Ein symbolischer Spucker – nicht schlecht. Daraufhin haben ihn acht Polizeiriesen gepackt, zu Boden gebracht und ihn unter ihrem Gewicht fixiert. Kaum hatten sie das ausgesprochen, ergingen sie sich in Jubel, denn ein anderer aus ihrer Kombo war zurück aus dem Gewahrsam. Vor anderthalb Stunden wurde er von der Polizei festgenommen, weil er dauernd kleine Pulke von Beamten provokativ mit seinem Fahrrad umrundet hatte. Man sagte ihm, er solle das unterlassen. Er wurde mehrfach verwarnt, man drohte ihm Konsequenzen an. Aber er fand wohl, von Steuergeldern finanzierte Beamte müssten das jetzt wohl mal aushalten. Blöderweise hielten sie es aber nicht mehr aus und zerrten ihn von seinem Gefährt, drückten ihn zu Boden, Handschellen klickten und er war raus aus der Nummer. Jedenfalls für eine Weile.

Bei seiner Rückkunft bestärkten sie ihn in seiner Aktion. Wie Teenager bauten sie sich auf, zollten ihm Loyalität, ließen sich gegen die unfaire Behandlung aus und konstruierten aus ihrer abermaligen Erfahrung mit den Polizisten, dass die allesamt Nazis nicht nur schützten, sondern im Grunde auch selbst handelten wie solche.

Am Vorabend hatte ich an einer Vorveranstaltung zu ebendieser Demo teilgenommen. Dort wurde den Anwesenden vermittelt, gegen wen demonstriert würde, was die angekündigten Nazi-Redner auf dem Kerbholz haben, wie viele Teilnehmer die Gegenseite angekündigt hat und dergleichen mehr. Hin und wieder sprach eine linke Splittergruppe ein Grußwort. Man bestärkte sich in Solidarität. Am Ende betrat eine der Initiatorinnen nochmals das Podium. Sie wolle nochmals deutlich machen, dass man am morgigen Tage nicht nur gegen Nazi-Gruppen auf die Straße gehe, sondern vor allem auch gegen die Polizei, die aus dem gesamten Bundesgebiet anrücke und die deshalb mit großen Kontigenten bereitstehe. Man wolle keine Auseinandersetzung mit ihr provozieren, aber man sollte dennoch wissen, wo der Feind außerdem steht.

Dieser uniformierte andere Feind, so konnte man erkennen oder erahnen, bestand zu großen Teilen aus jungen Beamten, die einen Migrationshintergrund hatten. Und die setzte man während der Demo mit Hetzern gleich, die den Holocaust leugneten oder »Deutschland erwache!« riefen. So viel Chuzpe muss man erst mal aufbringen. Hier waren wahrscheinlich Söhne und Töchter türkischer Eltern im Einsatz, die in ihrem Rücken Wortfetzen von rassistischen Aufwieglern und Türken- wie Islamhassern vernahmen, die irgendwas von Überfremdung salbaderten und ganz klar damit auch die Türken in diesem Land meinten – und diese Berufsjugendlichen zeigen mit dem Finger auf sie und titulieren sie als Nazis oder Helfer der Nazis. Man kann für eine solch bestechende Logik viele Worte finden: Das Wort der Reife kommt als mögliche Bezeichnung aber ganz sicher nicht in Frage.

Die Veranstaltung war übrigens eine laue Nummer, weil die angekündigten Neonazis gar nicht in den Mengen in die Stadt strömten, die man kalkuliert hatte. Und so kam es erst gar nicht zu deren Marsch durch die Innenstadt. Die Gegendemonstranten hatten gewonnen, sie hatten die Rechten auf dem Platz, auf dem die ihre Kundgebung abhielten, nachhaltig derart isoliert, dass man von Behördenseite davon absah, die angemeldete rechte Demo durchzusetzen. Im wahrsten Sinne des Wortes hatten die Gegendemonstranten die Rechten auf den Platz verwiesen. Und auf diesem Platz vollführten diese Rassisten jetzt ersatzweise einen traurigen menschenarmen Marsch, abgezäunt vom Rest der Öffentlichkeit. Obendrein machten sich diese Leute also auch noch zum Affen.

Aber das reichte manchen linken Linken noch nicht. Sie bauten Barrikaden, blafften weiter die Polizei an und als von der Ferne recht unmotiviert und lethargisch eine Einheit anrückte, riefen manche laut aus, dass es nun losgehe, wir sollten uns alle auf Anweisung eines jungen Burschen der Antifa, der mit Megaphon ausgestattet war, unterhaken und möglichst schwer machen. Da spielten tatsächlich viele mit, auch Bürger, die mit dieser linken Marotte sonst sicher gar nichts am Hut haben. Senioren waren dabei. Auch einige Leute von Verdi. Ein bunter Haufen, der sich am Boden fläzte.

Die Beamten liefen jedoch daran vorbei, guckten ein bisschen entgeistert oder grinsten. Es war ein heißer Tag, warum sollten sie Schwerstarbeit leisten und starre Körper durch die Straßen tragen, wo es doch überhaupt keine Notwendigkeit dazu gab? Wer bei so einer Hitze dicke Demonstranten vom Boden aufhebt, der ist kein Sadist, wie das der Antifa-Jüngling zu suggerieren versuchte: Der ist ein ganz brutaler Masochist. Der adoleszente Drang konnte sich wohl gar nicht vorstellen, dass Polizisten auch schwitzende Menschen sind, die froh sind, wenn sie ihr Gehalt mit möglichst wenig Aufwand und Arbeitseinsatz auf ihr Girokonto überwiesen bekommen.

Natürlich gilt es bei aller Lächerlichkeit, die dieses merkwürdige Trotzverhalten hervorruft, nicht zu verdrängen, dass auch die Polizei zuweilen überreagiert und sich zum Handlanger einer politischen Elite macht, die die neoliberale Ökonomie mit allen exekutiven Kräften durchboxt, falls das nötig ist. Da erklärt man dann flugs mal Kastanien zu Pflastersteinen und schon geht die Knüppelei los – Kenner sprechen hier vom Stuttgarter Manöver. Mit Ruhm bekleckert sich die Polizei ziemlich selten. Doch trotzdem sind die Beamten nicht die tumben Helfershelfer von Neonazis, sondern – wenn überhaupt – dann sind sie eher die Helferlein zur Stabilisierung der neoliberalen Ordnung der Dinge. Kaum richtet sich der Protest doch mal gegen Klüngelei oder unfaire Strukturen, sitzt der Schlagstock doch ein bisschen lockerer. Ob die einzelnen Polizisten freilich wiederum gerne so handeln, steht auf einem anderen Blatt. Sie werden ja auch nicht gefragt – welcher Angestellte wird das schon …

Was man also behaupten kann und muss, um ausgewogen zu bleiben: Nicht immer sind die linken Linken selbst an der Überreaktion von Polizeibeamten schuld. Sie sind aber auch nicht immer die schuldlosen Opfer, als die sie sich dann mit weinerlicher Wonne hinstellen.

Und weil wir schon bei der Sache sind: Über die Polizei und in welchem theoretischen Verhältnis sich diese Schmolllinke zu ihr stellt, darüber wird noch zu reden sein. Denn tatsächlich fehlt es an Beamten im Lande. Unter linken Linken sieht man das ganz anders. Sie wähnen sich im Polizeistaat, jeder Beamte weniger gilt als Verbesserung. Bei der gruppenspezifischen Erfahrung mit der Polizei nachvollziehbar. Richtiger wird diese Einschätzung dadurch allerdings nicht.

Mikrokosmische Selbstisolation

Nochmal zurück zur Adoleszenz: Pädagogen empfehlen Eltern und Erziehungsberechtigten in jenen schwierigen Jahren die Time-out-Technik. Man isoliert den Trotzkopf bis zu 15 Minuten von gewissen Reizen, die im Fachjargon als sogenannte Verstärkerreize bezeichnet werden. Klingt nach schwarzer Pädagogik – dem ist aber nicht ganz so. Wir haben es hier bei Licht betrachtet mit einer alltäglichen Erziehungssituation zu tun. Denn der Entzug des Smartphones oder temporäres Fernsehverbot als erzieherische Maßnahme kann man als so eine Minimierung der Verstärkerreize ansehen. Dies soll den Effekt zeitigen, dass derjenige, der in einer Trotzphase feststeckt, der sich also festbeißt in einem Fehlverhalten oder einer fehlerhaften Sicht der Dinge, ganz puristisch auf sich selbst zurückgeworfen wird. Wenn er demgemäß gerade nicht raus kann aus seinem Verhaltensmuster, weil sein Trotz ihm das augenblicklich nicht geneh-

migt, erleichtert man ihm mit der Time-out-Technik die Rückbesinnung, indem man störende Reize aufhebt und ihn in die
Frugalität der Langeweile manövriert. In so einem Zustand soll
mancher aus purer Verzweiflung mit dem Nachdenken begon-
nen haben.

Diese Technik kann man aber bei erwachsenen Menschen in
Trotzphasen freilich nicht anwenden. Man kann sie nicht bevor-
munden, sie sind ja autonome Subjekte und dürfen trotzig sein,
wie es ihnen gefällt – solange sie Steuern und den Rundfunkbei-
trag entrichten. Erwachsene ergehen sich in Trotz und gehen in
dieser Stimmung trotzdem online, finden dort im sozialen Me-
dium ihrer Wahl zu Leuten, die trotzig auch online gegangen
sind und die sich ähnliche Verhaltensmuster angeeignet haben.

In solchen Netzwerken bewegt man sich dann in einer Blase
voller Gleichgesinnter. Hat man es mit vom Algorithmus zusam-
mengewürfelten Charakteren zu tun, die allesamt dieselben Inte-
ressensgebiete beackern. Das algorithmische Langzeitgedächtnis
schlägt einem Themen und Artikel vor, die maßgeschneidert
scheinen, klammert jedoch Sujets außerhalb des eigenen Impe-
tus aus. Gegenmeinungen oder differente Positionen kommen so
nicht mehr an einen heran. Dass man unter Umständen gewisse
Sachlagen von mehreren Seiten betrachten sollte, um sich ein ad-
äquates Bild machen zu können, kommt so mehr und mehr aus
der Mode. Die Blasengemeinde, die Bubble-Community, pusht
sich nebenher in bestimmten Spektren noch ins Avantgardistische, richtet sich ein Biotop trotziger Adoleszenz im Erwachse-
nenalter ein und isoliert sich auf diese Weise Stück für Stück
mehr von einer Außenwelt, die zwar in Facetten so sein mag, wie
man dort behauptet, in der es aber immer noch andere Betrach-
tungsmöglichkeiten zu entdecken gibt. Alternativlos in diesem
Sinne agieren nicht nur die Bundeskanzlerin und ihre Entourage – alternativlos geben sich auch viele dieser speziellen Linken
in ihrer gewählten Isolierung. Die Alternativlosigkeit unserer

Epoche ist somit viel mehr als ein kanzlerisches Dilemma – sie verbindet alle Klassen und Gesellschaftsschichten und bugsiert die Menschen in geschlossene Zirkel.

Exakt dieselbe beschränkte Sicht aufgrund isolationistischer Wahrnehmung hat man ja auch einigen besorgten Bürgern attestiert. Als Geflüchtete ins Land kamen und Schauermärchen im Internet verbreitet wurden und sich Leute, die Flüchtlinge ablehnen, mit Leuten, die Flüchtlinge ablehnen, in sozialen Netzwerken trafen und diese Ablehnung dort dann durch den Algorithmus ins Uferlose potenzierten. Aber warum sollte diese These, dass sich Vorurteile und Rechthaberei heute in digitalen Zusammenkünften gewissermaßen massenisolieren, nicht auch auf linke Linke zutreffen?

Auch sie ziehen sich in einem Mikrokosmos zurück, der von Mauern der Selbstisolierung umgeben ist. Damit das Idyll eines geschlossenen Weltbildes mit geschlossener dahinterstehender Community auch bewahrt bleibt, warnt man links zum Beispiel gerne mal bei Facebook vor Gefährdern, vor Leuten also, die vielleicht eine andere Weltsicht haben und die trotzdem mit einer ganzen Reihe eigener »Freunde befreundet« sind. Vielleicht hat er sogar mal was geliket, was auch irgendein Ortsverband der AfD gut fand. Kann ja sein, früher – vor den sozialen Netzwerken – sagte viele oft über sich selbst, dass sie den ganzen Tag so viel redeten, man dürfe nicht immer alles ernst nehmen, was da herausblubbert. Heute sind wir alle so viele Stunden online am Tag, dass man eigentlich nicht immer alles und jedes ernst nehmen darf, was man anklickt, liket oder abonniert. Doch dieses Aufmerksamkeitsdefizit ist nichtsdestotrotz zu einer Volkskrankheit, einem viralen Infekt direkt aus dem Netz geworden – es kommt gleich nach der digitalen Demenz.

Nun, jedenfalls kriegt man dann des Öfteren Warnungen zu lesen, User X habe dies und das geliket und er sei außerdem mit 100 weiteren »Freunden befreundet« – Aufruf: *Bitte aus der Liste kicken!* Wer dem nicht Folge leistet, so lassen einige Warner noch gleich wissen, der dürfe selbst mit Löschung des Freundschaftsstatus rechnen. Wenn den Warner dann noch ein Avatar mit Stalins Kopf ziert, dann weiß man ja, woher er es hat. Große Säuberung der Filterblase: damit man ja nicht auf Andersdenkende trifft und sie wahrnehmen muss.

Löschen oder gelöscht werden – so sprechen wahrhafte Demokraten, oder etwa nicht? Sie setzen ein Ultimatum, betonen, dass jeder die Freiheit habe, der Empfehlung zu folgen oder eben nicht, aber falls es die »Freunde« nicht tun, dürfen sie mit Konsequenzen rechnen. So ein bisschen *Bolschaja tschistka,* ein wenig große Säuberungswelle für den Hausgebrauch muss doch drin sein, wenn man rein bleiben will in seiner Weltanschauung. Soviel Dogmatismus muss dann schon mindestens sein.

Und so verzieht man sich in seine Bubble, entwirft einen exklusiven Online-Avantgardismus und schwadroniert, postet und twittert in dieser Parallelgesellschaft über eine Welt, wie sie nach ihrem Gusto sein sollte und wo alles, was da nicht exakt auf Deckungsgleichheit hindeutet, gleich als Verfehlung verworfen wird. Dort macht man eine naive Welt- und Politikvorstellung urbar, in der es nur *ganz* oder *gar nicht* gibt und aus der man am Ende ein kurioses Sektierertum keltert, mit dem man eines ganz sicher nicht kann: einer realistischen politischen Ambition nachgehen. Der Kompromiss scheidet in dieser linken linken Netzwerk-Blase völlig aus.

Das war vor dem Internet ja schon so eine Sache. Kompromissler oder Reformer galten unter linken Linken als Verräter, die die Seiten gewechselt hätten. Viele von ihnen haben das ja auch tatsächlich, nehmen wir nur mal die Linken, die sich einen Sitzplatz im Zug des Neoliberalismus genommen haben. Grüße an die Sozialdemokraten an dieser Stelle. Diese Damen und Herren haben ja auch von einem »dritten Weg« gesprochen, der gewissermaßen linke Ideen im Finanzkapitalismus sichern sollte.

Das war bestenfalls ein fataler Irrtum, schlimmstenfalls jedoch kalkulierter Seitenwechsel. Aber das kann man nicht grundsätzlich jedem realpolitisch ambitionierten Linken unterstellen.

Mit sektiererischem Fußaufstampfen und trotzigem Selbstbestätigen der unumstößlichen Wahrheit, die man angeblich in petto hat, mit Alles-jetzt-und-zwar-sofort!-Forderungen, die jede Schritt-für-Schritt-Haltung als Dummheit abtut, gewinnt man keine Machtperspektiven: Man stampft sie ein.

So spielt man sich lustigerweise als linker Wahrer einer Demokratie auf, die man zuweilen ganz falsch versteht. Denn Demokratie ist eine kompromisslerische Staatsform. Man muss immer gucken, was geht und was nicht, was kurzfristig umsetzbar ist und was auf die lange Bank muss. Das ist verständlicherweise zuweilen sehr lästig und ärgerlich, wenn zum Beispiel emanzipatorische Verbesserungen auf der Strecke bleiben.

Aber zynisch gesagt: Das muss man zunächst aushalten können. Genauso wie man andere Ansichten und Meinungen aushalten können muss. Säuberungen zu erpressen: Das ist wiederum schwer auszuhalten.

Und Kompromisse zu diskreditieren: Das ist eigentlich ein Verhalten, das man bei Freunden jeder gepflegten Diktatur findet. Aber doch nicht bei denen, die sich als Speerspitze des Emanzipatorischen hervortun.

Keine Meinung haben ist keine Meinung

Sich eine Meinung zu bilden, sie auch vertreten zu dürfen, selbstverständlich nachdrücklich falls nötig, das ist im Wesentlichen das, was die Meinungsfreiheit garantiert. Sie ist ein Grundrecht. Die Meinung des anderen ertragen zu müssen: Man könnte das hingegen als demokratische Grundpflicht bezeichnen. Das Recht auf freie Meinung ist aber insofern kein Muss, nämlich dem Sinne nach, dass man eine Meinung haben muss. Man darf auch explizit keine Meinung zu einer Sache haben wollen. Alles kann – nichts muss. An dieser Stelle wird es aber schwierig im linken linken Spektrum.

Denn eine Meinung zu haben ist dort mehr oder weniger Verpflichtung. Man sollte tunlichst zu jeder Sachlage, die gerade das Agenda-Setting der Medienanstalten bestimmt, eine Meinung parat haben. Am besten ist es natürlich, wenn es dann auch noch die richtige Meinung wäre. Sich zu einer Angelegenheit keine Meinung zu bilden wird dort als mindestens so falsch betrachtet, wie zu einer falschen Meinung gelangt zu sein.

Gelegentlich habe ich schon zu hören gekriegt, dass ich mich fast nie zu Israel und Palästina äußere. Tja, das liegt daran, dass ich mir in vielen Jahren keine richtige Meinung hierzu gebildet habe. Oder sagen wir so: Ich habe viel darüber gelesen und sehe auf beiden Seiten gute Gründe wie falsche Ansätze. Manchmal hatte ich vorübergehend wohl etwas wie eine Meinung dazu. Dann kippte sie. Später kippte sie abermals zurück. Es pendelte zuweilen lustig hin und her. Dieses spezielle Themenfeld ist religiös, historisch, soziologisch und nicht zuletzt auch ökonomisch derart komplex, man kann es gar nicht so mir nichts, dir nichts erfassen, dass man am Ende zur einzigen logischen Lösung oder Einsicht stolpern muss. Irgendwann entschloss ich mich, dass ich mir da keine Gedanken zur Meinungsbildung mehr machen sollte. Andere Sujets interessieren mich ohnehin mehr – und von denen habe ich auch ein bisschen Ahnung. Also belasse ich es bei denen.

So einfach, wie es sich die Tochter von Georg Kreisler, Sandra mit Vornamen, jedenfalls machte, als US-Präsident Donald Trump aus dem Nichts heraus und ohne Not Jerusalem als Hauptstadt Israels anerkannte, kann man es sich zweifelsohne nur machen, wenn man etwa mit so viel politischem Gespür an diese Debatte herantänzelt, wie es sonst bloß Dickhäuter in Porzellanläden vermögen. Die Schauspielerin und Sängerin wollte ein Zeichen setzen und setzte sich erst mal einen Hut auf, knipste dann ein Foto und bastelte sich flugs ein Meme, eine dieser bebilderten Botschaften, die man in den Netzwerken zu jedem passenden wie unpassenden Moment hochlädt. Auf dem Bildchen war neben ihrem Foto zu lesen: »Ich bin deutsche Staatsbürgerin und Deutschlands Botschaft in Israel gehört in die Hauptstadt: Jerusalem.« Das war natürlich zu erwarten. Denn durchforstet man Frau Kreislers Facebook-Auftritt, so sieht man umgehend, als was sie sich begreift: als kommissarische Beauftragte der Antisemitismus-Keule.

Einige Wochen vor der Jerusalem-Angelegenheit äußerte sie sich zum Beispiel in einem Kommentar zu den Vorwürfen der sexuellen Nötigung vom Hollywood-Produzenten Harvey Weinstein. Dass die Medien da nun so ausgiebig berichteten, das sei für sie nun wahrlich kein Zufall. Denn dass man über Harveys braven Bruder Bob jetzt so viel weniger berichte, bestätige mal wieder, dass ein »anständiger Jude und ein unanständiger in der gleichen Familie [...] zu viel für das normale Hirn ist«. Anders gesagt: Dass man von Bob in dem Augenblick keine Meinung hat, da man Harveys Übergriffe thematisiert, ist schon ein Beleg für subkutanen Antisemitismus. Ob man also Meinung hat oder nicht hat: Ganz egal, einen Strick kann man immer daraus gedreht bekommen.

Frau Kreisler gefällt sich in dieser Rolle außerordentlich gut. Wahrscheinlich ist das nicht nur Image, sondern auch Geschäftsmodell. Immerhin hat sie sich so eine kleine treue Gemeinde, eine gepflegte Freundesliste amtlicher Claqueure zugelegt. Auf ihrer Präsenz bei Facebook bietet sie alles zum Thema des Antisemitismus feil. Täglich sammelt sie Meldungen zum Thema und kommentiert sie. Volks- oder Betriebsökonomie? Das kommt bei ihr nicht vor. Nee, das sind ja auch nur Optionen für die Weltlichen da draußen. Sie macht, wie bei linken Linken üblich, ganz dick in Aufmerksamkeitsökonomie.

Freilich ist nicht alles, was sie dort so notiert, grundsätzlich falsch oder plumper Auswuchs eines gesteigerten Verfolgungswahns, wie es das Beispiel um die Weinsteins markierte. Aber sie reduziert sich als Linke – und sie hält sich natürlich für ein Prachtexemplar dieser Spezies – weitestgehend auf dieses Themenfeld. Wenn man die gesellschaftlichen Geschehnisse stets nach diesem Aspekt abklappert, kann nichts anderes herauskommen als Antisemitismusvorwürfe. Am Ende werden Sujets wie soziale Gerechtigkeit so lange durch den Antisemitismus-Scanner gejagt, bis man etwas findet, was vielleicht ein Grund zum Vorwurf sein könnte. Etwa so haben es die Jusos aus Nord-Niedersachsen gehalten, als sie Jeremy Corbyn, dem amtierenden Chef der britischen Labour-Partei, als Redner auf dem Bundesparteitag ablehnten. Hierzu holten sie irgendwelche alten Zitatfetzen aus der Versenkung, die teilweise noch nicht mal allesamt von Corbyn selbst stammten[9] und interpretierten munter Antisemitismus in seine kritische Haltung gegen das Vorgehen der israelischen Streitkräfte in den palästinensischen Gebieten hinein. Heldenhaft haben die Jusos dann bei Facebook gepostet, dass sie einen solchen Antisemiten nicht als Redner wollten. Sandra Kreisler hat es geliket. Da klickt zusammen, was zusammengehört.

Probleme hatte Frau Kreisler dann natürlich auch mit Ken Jebsen, dem ehemaligen Fernseh- und Radiomoderator vom Rundfunk Berlin-Brandenburg, den man erst wegen angeblicher antisemitischer Äußerungen vor die Tür setzte, an die sich aber heute keiner mehr so richtig erinnern kann. Am Ende hieß es dann, man habe Jebsen wegen seines »Verhaltens insgesamt« gekündigt. Weil ein Politiker der Linkspartei sich mit ihm ablichten ließ, glaubte die gute Frau Kreisler, dass die Linke nur noch so heiße. Falsche Etikettierung kenne sie aber, rückte sie das gleich mal unter der Gürtellinie zurecht, denn es heiße schließlich auch »Blasen« und da müsse man auch nicht pusten. Stimmt schon – und nur weil jemand Kreisler heißt, muss da nicht gleich das Sprachgenie des Georg Kreisler inklusive sein.

Ken Jebsen wirft man ja nun schon seit Jahren vor, er würde antisemitische Positionen ungeniert in der Öffentlichkeit ausbreiten. Das ist vielleicht noch die harmloseste Beleidigung. Sonst labelte man ihn schon als Neonazi oder Rassisten. Je nachdem, mit welchem Fuß der Kritiker an seiner Person gerade aufgestanden ist. Natürlich äußerte sich Jebsen ja auch oftmals zu Israel. Unerheblich an dieser Stelle, welche Positionen er jetzt zur Siedlungspolitik Israels einnimmt, wie er sich zum Existenzrecht positioniert oder nicht: Man kann ja durchaus anderer Meinung sein als er. Antisemit ist er aber deshalb noch lange nicht, denn nach allem, was man so von Ken Jebsen weiß, hat er ja nie »das Jüdische« als etwas Rassistisches oder gar Minderwertiges heruntergeputzt. Er malt keine metaphorischen Skizzen von hakennasigen Gesellen, bauscht keine Vorurteile auf. Wenn er von Israel spricht, dann spricht er von Israel als Nation. Und die hat, wie jede andere auf dieser Erde, allerlei paradoxe Anwandlungen, über die man sprechen können muss.

Wenn Frau Kreisler sich vor ihrer Netzgemeinde aufregt, weil Sigmar Gabriel auf jüdischen Gemeindefesten vorstellig wird, obgleich er noch drei Tage vorher behauptete, dass Israel sich in einen Apartheidstaat manövriere, dann liegt da doch schon die ganze Misere des Antisemitismus-Vorwurfes, so wie er lax gebraucht wird, auf dem Tisch. Man darf doch auch sagen, dass China keine Demokratie ist, sondern eine Diktatur mit etwas softeren Skills, wenn man das mal so leger ausformulieren darf, und trotzdem geht man chinesisch essen oder zu einem chinesischen Nachbarschaftsfest. So entspannt sollte man dann doch sein – auch wenn es um Israel geht.

Wie gesagt, man muss ja nicht alles, was Ken Jebsen zum Thema zu sagen hat, als eine absolute Erkenntnis einordnen. Man kann durchaus finden, dass die Forderung nach einem palästinensischen Yad Vashem, die er mal aufstellte, ein bisschen geschmacklos ist. Einerseits – andererseits ist es doch berechtigt, einen Finger in die Wunde zu legen, die die israelische Siedlungspolitik erzeugt. Dass er mit einer solchen Forderung gewissermaßen eine Gleichstellung der heutigen israelischen Administration mit der deutschen ab 1933 fabrizierte, kann man als Vorwurf allerdings nicht aufrechterhalten. Ebenso wenig die angebliche Holocaustleugnung, die man ihm immer mal wieder in die Schuhe schieben möchte. Denn tatsächlich hat der Mann nirgends auch nur mit einer Silbe behauptet, dass der millionenfache Mord an den Juden nur eine Erfindung sei.

Behauptungen aufzustellen und einen riesigen Popanz um etwas Gesagtes aufzubauen: So funktionieren Blasen im Internet. Jebsen hat ja neben Kritik an Israel tatsächlich ein ganzes Sammelsurium an anderen Themen, die er in seinem Internetformat befeuert. Es geht bei ihm um soziale Gerechtigkeit, die USA, um Deutschlands Rolle in der Welt – auch um Medienkritik. Aber seine Kritiker tun so, als habe er nichts anderes als Israel zum Thema. In ihrem Eifer potenzieren sie jedoch das, was er zu Israel gesagt hat, analysieren, was er gemeint haben könnte, wenn er es gemeint haben sollte und ziehen dann genau den Schluss, den sie ja vormals schon gezogen hatten: Das ist ein Antisemit! Und wenn sie dann nicht ganz zufrieden sind mit der Analyse des von ihm Gesagten, dann bewerten sie eben das, was er nicht gesagt hat, um nochmals zu bestätigen, dass er das ist, was man in ihm gerne sähe.

Vom Antisemiten ist es dann gar nicht mehr weit bis zum Rassisten oder zur Anschuldigung, man müsse ihn gar als Adapter zur Querfront ansehen. Denn bei ihm treffen sich Linke und kommen als Rechte wieder heraus. Und das alles nur auf Grundlage einiger Äußerungen zu Israel. So gebiert man Feindbilder auch dann, wenn es nicht viel Substanz zu einer solchen Konstruktion gibt.

Da erspare ich mir doch lieber eine formulierte Meinung zu Israel und allem, was dieses Themenfeld mehr oder weniger betrifft. Und übrigens ist das ja auch eine Art von Meinung, ab und zu meinen zu dürfen, man wolle eben nichts meinen. Wobei man ja, wie eben beschrieben, nicht unbedingt auf der sicheren Seite ist, nur weil man sich eine Meinung verkneift. Wie kann man da keine Meinung haben? Das habe ich dann mal als bitterböse E-Mail von einer empörten Linken bekommen, weil ich diesen Ansatz dann doch mal in einem kurzen Text verarbeitete. Man müsse sich doch gerade als Linker ein Bild machen über die Welt, sich folglich zu einer Meinung bewegen. Es sei doch auch etwas fahrlässig anzunehmen, dass man sich aus Dingen heraushalten könne, nur weil man sich den Luxus erlaube, Meinungsfreiheit als »von Meinung befreit« zu interpretieren. Darüber musste ich nachdenken – zugegeben. Doch letztlich trifft auch diese Art von Freiheit bei der Meinungsfreiheit zu. Man kann sich die Freiheit zu einer Meinung nehmen oder eben die Freiheit, sich keine bilden zu wollen.

Die Richtigstellung der Frau klang alles in allem ja schon nachvollziehbar. Aber setzt Meinung nicht immer auch voraus, sich profund mit etwas zu befassen? Wie kann ich als einzelner Mensch alle Baustellen auf Erden genauso profund analysieren? Woher soll man denn nur die Zeit nehmen? Keine Meinung haben zu wollen, sich herauszuhalten: Da ist man gleich unten durch. Sollte man also lieber eine Meinung im Crashkursverfahren annehmen? Na, wenn das mal nicht eine ganz bizarre Taktik ist, ein Aufruf zur gepflegten Halbbildung. Das kann es ja nun auch nicht sein.

Dieses Dilemma erinnert so ein bisschen an diverse Religionsgemeinschaften. Den Gott der anderen lehnen sie ab, halten ihn für ein Götzenbild. Aber die Gläubigen des Götzen sind ihnen immer noch näher als diejenigen, die sich atheistisch zurückhalten. Mit den Meinungslosen verfährt man unter linken Linken ganz ähnlich. Sie werden für schlimmer gehalten als diejenigen, die eine noch so falsche Meinung haben. Die Meinungslosen, das sind für sie all die Leute, die sich keine Metagedanken zum System machen, die arbeiten gehen und danach ihre Ruhe haben wollen. Dass sie schlicht keine Zeit, keine Kraft haben, zu allem und jedem Meinung zu generieren, akzeptieren sie nicht. Der Feind ist meinungslos.

Schlimmer ist in diesen Kreisen fast nur noch, wenn man eine Meinung hat, aber trotzdem hin und wieder die Nichtigkeiten des alltäglichen Lebens pflegt. Oder sich sogar ein wenig Lebensqualität gönnt. Ein Hummer für Frau Wagenknecht galt dann sofort als Ausdruck von Dekadenz. Wie könne man nur Hummer essen, wo doch zeitgleich so viele Menschen hungern müssen. Diese Kritik erntete sie von verschmitzt grinsenden Konservativen ebenso wie von puritanischen Linken.

»Wie kannst du in dieser Situation, wo es so viel Elend auf der Welt gibt, deine Fenster streichen?«, soll Ulrike Meinhof mal Bahman Nirumand gefragt haben. Sie erzählte ihm dann weiter von Vietnam und Napalm und fragte nochmals, wie man bei solchen Verbrechen so gelassen und vergnüglich die Wohnung renovieren könne. Man müsse doch jetzt handeln. »Die Frage der revolutionären Gegengewalt muss hier und jetzt gestellt und beantwortet werden.«[10]

Nur gut, dass die linken Linken heutzutage nicht auf jene Weise handeln, wie es Frau Meinhof dann tat. Im Kleinen ähneln sich aber die Reaktionen ganz oft. Sie regen sich über den bourgeoisen Charakter mancher alltäglichen Handlung auf, über die Vergessenheit der Menschen in ihrer Tretmühle und machen daraus eine hochkomplexe moralische Frage. Dahinter steckt ein Drang zum transzendenten Leben, ein verworrenes Weltbild, in dem man denkt, dass das Pinselschwingen zwecks Hausverschönerung mit dem Bürgerkrieg in Syrien in direkter Verbindung steht. Alles mit allem im Verbund – und jede Ablenkung mit der eigenen kleinen Spießeridentität legt man als Eskapismus aus, als bequem zelebrierte Meinungslosigkeit, die man einem schön um die Ohren hauen kann.

Diese linke Mystik, gepaart mit einem Aktionismus, der nicht so recht weiß, wo er sich austoben will, machen dann aus der Stinknormalität einen ethischen Erregungszustand. Jede Handlung sollte überdacht werden, alles Seiende eingeordnet und kategorisiert sein. Ohne Ansicht kann man nicht bleiben, weil das dem deutschen Ordnungssinn auch unter Linken nicht entspricht. Ach ja, sie sind eigentlich ganz schön deutsch, wenn man es recht bedenkt, ein bisschen Blockwart mit einem Schuss Lebensverneinung.

Die Fundis und das Deutschsein – das ist durchaus ein Thema. Kein beliebtes zwar, sie sind ja aus nachvollziehbaren Gründen nicht gerne Mitglieder eines Nationalstaates. Das ist eine sympathische Haltung, wenn man sich dann auch von Atavismen löst. Das geschah offenbar aber auch links unzureichend. Die berühmte deutsche Schwerfälligkeit legen auch sie an den Tag. »Bloß keine geistige Leichtfüßigkeit, witzige Spielerei oder gar lockere Experimentierfreudigkeit«[11] – so beschrieb der Filmkritiker Wolfram Knorr mal ganz passend den deutschen Drang zum Faustischen, zum starren Metaprofunden. Nach Knorr fühlten sich die Deutschen nach dem Krieg als Kulturvolk überrannt vom Amerikanismus, was Kulturretter dazu brachte, die speziell deutsche Tiefgründigkeit zu betonen, die sonst keiner als der Deutsche pflegen konnte. Die »Wallfahrt ins Innere«[12] ist eine Reise speziell deutscher Pilger. Es ist ein schwerfälliges Erbe; da sind auch unsere linken Freunde vorbelastet.

Man kann schon sagen, dass man nicht nur eine Meinung zu allem und jedem haben sollte, um als Linker unter den ganz spe ziellen Linken akzeptabel zu sein – man sollte sie auch im eigenen Tun dokumentieren. Renovierungsarbeiten sind da ein eher falscher Weg. Ein bisschen Märtyrerqualitäten muss man da schon an den Tag legen. Leiden mit dem Leidenden. Die Metaphysik des Leidens und Verleidens: Sie kann einem nicht verleiden, dass man das Leben ein bisschen auf die leichte Schulter nimmt. Was brauchst du denn neue Farbe an den Wänden? Es gibt kein farbiges Leben im grauen. Und denk mal darüber nach, wie viele Menschen im Rest der Welt nicht mal Wände haben!

Ja, seht ihr denn nicht, wie sie leiden mit den Elenden in der Welt, die Schwerfälligen von links? Nicht ablenken lassen, nur weil sie jetzt einen Sojadrink in der Hand halten und Kichererbsenwürstchen mampfen, heißt das ja wohl nicht, dass sie nicht aktuell jetzt an die Notleidenden überall auf Erden denken. Tun sie sehr wohl! Und sie haben auch eine Meinung dazu. Nämlich die richtige.

Linker Generationenvertrag: Altersstarrsinn sucht jugendlichen Leichtsinn

»Wer mit zwanzig kein Revolutionär war, hat kein Herz. Wer es mit dreißig noch ist, hat keinen Verstand.«

– Georg Bernard Shaw –

Warum denn so kleinlich, könnte die geneigte Leserin, der geneigte Leser jetzt als berechtigte Frage einwenden. Junge Leute machen halt mal Fehler. Sind unbedarfter. Haben hin und wieder Probleme mit Kommunikationsstrategien. Jeder von uns war mal entweder ein schüchterner Twen oder aber ein vorlauter Grünschnabel, der nicht bemerkt hat, wie er am Rand des Fettnäpfchens herumtänzelte. Manche sind bis Mitte, ja sogar bis Ende zwanzig noch so drauf. Volljährigkeit ist ja kein Reifegrad, sondern eine willkürlich gezogene Initiationsgrenze. Eine gesellschaftliche Konvention, die jugendliches Ungestüm nicht Punkt 18 ausschließt. Sie macht nicht allumfassend mündig – sie macht dummerweise nur strafmündig. Weshalb sich also über jugendliche Unreife mokieren?

Der Einwand wäre grundsätzlich nicht falsch. Das Problem ist nur, dass wir es unter linken Linken nicht nur mit Jugendlichen und jungen Erwachsenen zu tun haben. Da sind auch Senioren darunter, Menschen jenseits der dreißig und vierzig, Personen mit einer gewissen Lebenserfahrung, bei denen man hoffnungsvoll damit rechnen dürfte, eine gewisse Reife vorzufinden. Aber auch sie marschieren bei den Antifas mit und skandieren Parolen von schlichter Ästhetik bei gleichzeitig inhaltlicher Leere.

Und nicht nur das: Es gibt einige Altvorderen, die das junge Publikum gezielt suchen und anfüttern mit einem linken Avantgardismus, der diese jungen Frauen und Männer schließlich mehr entpolitisiert, als er sie politisiert. Diese Spielerei, sich fast schon genießerisch als von moralischer Überlegenheit geprägte Avantgarde gegen das dumme Fußvolk zu positionieren, entrückt das so indoktrinierte Publikum für realistische Beiträge zur Gestaltung der gesellschaftlichen Entwicklung. Für einen konstruktiven Blick auf die politischen und wirtschaftlichen Geschehnisse wird es sukzessive unbrauchbar gemacht.

Der Entpolitisierungsgrad ist je nach linker linker Gruppe verschieden ausgeprägt. Ob nun Antideutsche, klassische Antifa, antinationale Antifa, Bewegungslinke, Fantifa-Kader, Maoisten, K-Gruppen ganz generell oder sektiererische Kleinstparteien: In allen finden sich ältere Mitglieder wieder, die mal als Führungskräfte, mal als Mitläufer ihr Scherflein dazu beitragen, eine politische, gesellschaftliche und ökonomische Linksalternative zu verunmöglichen. Je nach gruppeninterner Stoßrichtung ist der Grad der Entpolitisierung paradoxerweise durch die angebliche Politisierung der Teilnehmer different. Vereint sind alle Gruppen allerdings durch den antifaschistischen Leitgedanken, der sich jedoch mitnichten konkretisieren lässt und zudem derart inflationär die gesamte Denkstruktur dieser Organisationen erfasst, dass diese sich die Welt gar nicht in anderen Kategorien denken können.

Doch die Auswirkungen des modernen Neoliberalismus auf die Gesellschaft lassen sich mit dem Adjektiv »faschistisch« gar nicht adäquat kategorisieren. Leider ist aber genau das die beliebteste Parole, die man in diesen Kreisen immer dann skandiert, wenn einem etwas irgendwie kritikwürdig dünkt, wenn einem etwas als äußerst unangenehm auffällt. Diese Pseudopolitisierung verhindert den politischen Reifeprozess, der dringlich wäre, um sich den zeitgenössischen Problematiken mit gewisser Sachkenntnis zu stellen.

Und es sind dann übrigens nicht selten schon betagtere Damen und Herren, die diese Vereinfachungen wider aller Fakten und aller Empirie auch deswegen durchgehen lassen, weil sie sich von einer Zeit inspiriert fühlen, in der sie selbst noch jung und ungestüm waren. Sie konservieren den jugendlichen Aufbruch von damals und treten als Konservative dem eigentlichem Wortsinne nach auf. Wie viele andere politische Gruppen üben auch sie sich in einer Nostalgie, die verklärt und nicht erklärt. Dabei war bei den 68ern nun wahrlich auch nicht alles zum Besten bestellt.

Die Alternativlose: Jutta Ditfurth und ihr avantgardistisches Geschäftsmodell

Auch die Parallelgesellschaft linker Linker kennt ihre Popstars. Leute also, die man als Instanzen betrachtet, als spirituelle Leader, deren Worte immer ein bisschen mehr sind als eben nur das. Die regelrecht *geoffenbarte Worte* sprechen – was heißt sprechen? Sie verkünden sie! Modern verkündet heißt das nichts anderes als: Sie richten Postings an die Gemeinde. Oder sie twittern – je nachdem, wie modern sie als Leader gerade sind. Dabei ist nicht alles Käse, nicht alles grundsätzlich abzulehnen, was sie in diesen Äther hineinkommunizieren. Oft ist es nur der Ton, dieser spaßlose Beamtenduktus, der kühl analysierend Verlautbarungen zum täglichen Geschehen und zur Politik insbesondere abgibt. Schon Tucholsky schrieb ja, dass es dem deutschen Ideal entspreche, hinter einem Schalter zu sitzen: Auch unter linken Linken scheint man das Schalteridiom zu bevorzugen. Das macht sie leider gleich noch viel unsympathischer.

Eine Frau, die das kann und die sich in den letzten Jahren verstärkt zur spirituellen Patin und zur programmatischen Kanzlerin der Antifas gemausert hat, ist die Alt-Grüne und Ökosozialistin Jutta Ditfurth. Wenn es hier heißt, sie fungiere als Patin oder Kanzlerin, dann sollte man vielleicht der Richtigkeit halber deutlich machen, dass sie diese Rolle nicht gezielt anstrebt. Sie fällt ihr mehr so zu. Die Antifas wissen sehr wohl selbst, was sie an ihr und ihren Thesen haben.

Ihre Vergangenheit als Bundestagsabgeordnete und Fundi im innergrünen Streit um die Deutungshoheit, ja auch ihre strikte Ablehnung, einen bürgerlichen Kurs mit der Partei mitzutragen, an deren Gründung sie beteiligt war, ist ein gewisses Alleinstellungsmerkmal. Wenn man sich alte Mitschnitte ansieht, auf denen sie Franz-Josef Strauß eine vor den Latz knallt, dann kriegt man ein Bild davon, wie man Jutta Ditfurth einschätzen darf. Die lässt sich nicht für dumm verkaufen und war lange genug dabei, um mehr als glaubwürdig zu sein. Zumal sie mit ihrem Rückzug von den Grünen ihre inhaltliche Glaubwürdigkeit nochmals unterstrichen hat. Und da sie sich aus dem Adelsregister ausgetragen hat, hat sie sich für linke Linke in den Stand einer Unbestechlichen geadelt.

Man kann verstehen, dass das alles jungen Leuten, die nach Orientierung und Halt suchen, zumal in ihrem politischen Reifeprozess, schon ordentlich imponiert. Ich war ja selbst so ein junger Mensch, der bei Jutta Ditfurth unter die Fittiche kam. Nicht persönlich natürlich. Mehr so geistig und intellektuell; ich war einer ihrer Leser. Und tatsächlich kenne ich auch die meisten ihrer Publikationen, ich habe sie als junger Mensch schier verschlungen. Ihre Autobiographie[1], die ich nach wie vor für sehr unterhaltsam geschrieben halte, legte mir nochmals nahe, dass Frau Ditfurth echt Haltung habe, sodass ich bei ihr als Linker, als den ich mich schon früh vom Gemüt her identifizierte, immer auf die sichere Karte setzte – jedenfalls dann, wenn ich mir ihre Ansichten aneignete.

Insofern kann ich schon nachvollziehen, wenn heute junge Leute, die bei der Antifa oder bei ähnlichen Gruppen aktiv sind, den Facebook-Account von ihr wie eine virtuelle Bibel mit blauer Umrandung begreifen. Was Jutta Ditfurth liefert, unterliegt einer gewissen Reputation. Inhaltlich ist sie ja auch klassisch links, sie liefert recht komplexe Sachverhalte, die aber dann in conclusio oftmals in die Vereinfachung münden. Und sie bietet ihren jungen Leserinnen und Lesern eine Themenauswahl, die sie leicht begreifen: Es geht um Toleranzthemen, nicht wirklich um ökonomische Grundfragen und Basics. Im Grunde liefert sie das Programm für eine linke Mittelschicht, die sich mehr darum kümmert, wie man Mitmenschen zu toleranten Individuen triezen kann, als darum, wie man Mitmenschen sozial so absichert, dass sie nicht zur Intoleranz als falsche Ausflucht greifen.

Da wäre zum Beispiel die Sache mit dem Finanzkapitalismus, den man laut Frau Ditfurth nicht so nennen dürfe, wenn man sich nicht des Antisemitismus schuldig machen möchte. Sie spielt auf Silvio Gesell an, der das Kapital in schaffendes und raffendes unterteilte und dessen Theorie gerne von Antisemiten gebraucht wurde, um das raffende Kapital, mit anderen Worten den Finanzkapitalismus, als jüdisches Machwerk zu enttarnen. Gesell selber hatte andere Schwerpunkte als die jüdische Weltverschwörung, es ging ihm um Geldentwertung, die gesunde Zirkulation versprechen sollte. Dazu äußerte sich Jutta Ditfurth gar nicht. Inhaltlich blieb sie da außen vor.

Spricht man von den Banken, die an der amerikanischen Ostküste angesiedelt sind und sagt euphemistisch »Ostküste«, so erklärte Frau Ditfurth weiter, müsse man davon ausgehen, dass bestimmte Kreise das »internationale Judentum« meinten. Beim Straßennamen Wall Street sei es nicht anders. Das und noch ähnliche andere Ausdrücke seien ein Sprachcode der Neuen Rechten, der jetzt überall Einzug gefunden habe in die bürgerliche Gesellschaft, die mehr und mehr nach rechts rücke.

Dass es einen Rechtsruck gibt – geschenkt, das spüren wir alle mehr oder weniger, die AfD sitzt schließlich im Bundestag, vertreten durch Leute, die der sarrazinischen Eugenik anhängen und Wehrmachtssoldaten für ehrenhafte Helden halten. Da liegt Jutta Ditfurth natürlich völlig richtig. Dass manche eine solche Ausdrucksweise benutzen, um sich nicht verdächtig zu machen: Man kann es ahnen, wahrscheinlich kommt es vor. Nun aber so zu tun, als sei im Grunde jeder verdächtig, der solche oder ähnliche Termini benutzt, das ist hanebüchen bis gezielt simplifizierend. Wer so argumentiert, schafft keinen Durchblick – der verschleiert.

Das hier soll keine Abrechnung mit Frau Ditfurth werden. An dieser Stelle möchte ich dringend betonen, dass ich glaube, dass sie durchaus noch gute und richtige Impulse setzt, dass sie aber nicht mehr entspannt genug ist, ihren linken Fundamentalismus mit einer gewissen Nonchalance herüberzubringen. Das tut mir leid. Für sie. Aber auch für die Linke. Dieser radikale Touch, den sie sich da in den letzten Jahren gegeben hat und der sie zur Ikone unter jungen Linksradikalen machte, ist kontraproduktiv, denn er macht Jutta für gemäßigte Linke unmöglich bis untragbar. Und das kostet die Linke einen durchaus klugen Kopf mit ausgezeichneter analytischer Qualität.

Auch wenn es nicht in eine Abrechnung abgleiten soll, so möchte noch erwähnt sein, wie Jutta Ditfurth die Massenproteste gegen die Freihandelsabkommen torpediert hat. Ihre kommunale Kleinstpartei ÖkoLinX hat sich da ziemlich rausgehalten. Auch sie selbst war nicht zu sichten. Aber aus dem Internet suppte dann ihre Einschätzung der Lage. Als in Berlin 250 000 Menschen gegen TTIP auf die Straße gingen, Busse aus allen Teilen der Republik in die Hauptstadt fuhren, erklärte

Jutta Ditfurth in der Nachschau: Da hätten die Gewerkschaften mit Neonazis im Schulterschluss zusammen gegen den Freihandel gekämpft. Die Querfront gewinne mehr und mehr an Boden. Linke sollten sich gegen diese Taktik zur Wehr setzen, besser fernbleiben als sich schuldig zu machen.

Tatsächlich haben sich ganz bestimmt auch einige Rechte dort eingefunden. Die Straße, der Platz der Demonstration, ist nun mal für jeden begehbar. Kein Gewerkschafter kann etwas dafür, wenn neben ihm jemand mit dem AfD-Banner spaziert. Sollten sich 99 Prozent aus dem Staub machen, weil ein Prozent falsche Parolen skandiert? Wenn Frau Ditfurth das so empfindet, sollte man sie freundlichst nach ihrem demokratischen Grundverständnis fragen. Wie wehrhaft hält sie es denn mit dieser Frage?

Kritik an einigen ihrer Einschätzungen beißt sie mit Hilfe ihrer Parteigänger dann weg. Auch sie tritt dann den Rückzug in die Netzwerk-Bubble an, entfreundet und blockiert und umgibt sich so mit Leuten, die mehrheitlich ihr Weltbild teilen. Bubble-Reinheit ist ohnehin ein Thema, das sie immer wieder aufgegriffen hat in der Vergangenheit. Da legte sie ihrer Anhängerschar nahe, sich von diesem oder jenem zu trennen, weil er vielleicht was Bedenkliches geteilt hat. Löschen sei alleine schon deshalb sinnvoll, um selbst für Frau Ditfurth eine Alternative in der Freundesliste zu bleiben nach dem Motto: Löschen oder ich lösche euch – Diskussionskultur geht wahrlich ein bisschen anders.

Es ist mitunter diese Selbstisolation, die sie immer weiter weg rückt vom Mainstream, an den sie früher hin und wieder noch andockte. Als sie trotz ihrer strikten linken Haltung dennoch mal in einer Talkshow sitzen und ihre Sicht der Dinge vertreten durfte. Solche Auftritte sind mittlerweile rar geworden. Sie hat den Rückzug ins Internet angetreten und selektiert da – ob willentlich oder nicht – eine Anhängerschaft, die ihr mit den Augen an den Lippen klebt und aufgrund ihrer Jugend nur schwerlich erkennt, dass diese Frau sich grämt, die Deutungshoheit im politischen Diskurs verloren zu haben. Denn das hat sie – wie alle Linken mehr oder weniger. Sie hat sie aber tatsächlich mehr verloren als andere, weil ihre Haltung oft keine Toleranz, keine Andockstellen für gemäßigtere Betrachtungsweisen bereit hielt und weil sie so Sympathisanten vergrätzte.

Ob man diese Stellung als Altvordere einer moralischen Avantgarde mit Breitbandverbindung, die sie tatsächlich einnimmt – ob sie will oder nicht –, als Kompensation zu dem Umstand sehen muss, im Mainstream sukzessive Ansatzpunkte verloren zu haben, das bleibt hier offen. Möglich ist es jedoch schon.

Gar kein Materialismus ist auch keine Lösung

Wie schon erwähnt, ÖkoLinX, dieses politische Alterswerk von Jutta Ditfurth und ihren Parteigängern, hat sich nur als kommunales Projekt etabliert. Als solches fühlt man sich besonders dem Antirassismus verpflichtet. An sich eine gute Angelegenheit, die aber wohlfeil ist, solange man nicht die ökonomische Grundfrage nach dem sozialen Ausgleich stellt. Zwar lässt sich als einer von fünf Grundsätzen auch der Antikapitalismus aufzählen, aber besonders wichtig scheinen wirtschaftliche Fragen für diese Partei dann doch nicht zu sein. Neben dem antirassistischen und antikapitalistischen Grundsatz will man noch antipatriarchal, antimilitaristisch und antistaatlich agieren. Letzteres ist insofern interessant, weil man zwar irgendwie gegen den Staat ist, man aber nicht näher erläutert, wie die Verteilung des erwirtschafteten Wohlstandes ohne staatlichen Zwischenschritt bewerkstelligt werden könnte. Und wieso man als antistaatliche

Partei dann doch staatliche Parteienfinanzierung in Anspruch nimmt, könnte man ja mal bei der Bürgersprechstunde in der Parteizentrale erfragen.

So oder so: Man ist eben vor allem anti, eine destruktive Kraft von regionaler Tragweite und setzt eigene Impulse lediglich dort, wo man gegen etwas sein kann. Für einen konstruktiven Gestaltungsauftrag scheint die Zeit nicht zu reichen.

Wie gesagt, Kritik am Wirtschaftskurs klingt bei ÖkoLinX auch eher zögerlich an, man ist eher auf Toleranzthemen abonniert. Bei Demonstrationen, die habituell eher aus dem gewerkschaftlichen Themenspektrum stammen, lässt man sich nicht so gerne blicken. Hin und wieder tummelt sich dann jemand aus der Combo bei der Antifa, die dann bei Kundgebungen gegen einen entfesselten Freihandel antifaschistische Parolen gerade so schwingt, als seien die Banker der Europäischen Zentralbank alles glattrasierte Nazischädel, die mit dem Baseballschläger auf ihre nächsten Opfer warten. Man sollte ruhig mit diesem neoliberalen Konsortium hart ins Gericht gehen. Daran ist nichts falsch. Aber sie zu nazifizieren? Nein, das ist Themaverfehlung: Setzen, Sechs!

Ob nun Antirassismus, Gleichstellungsprojekte für homosexuelle Menschen oder Maßnahmen gegen die Benachteiligung von Frauen: Auch all das sind unterstützenswerte Ansätze, die auch dann nichts von ihrer Notwendigkeit verlieren, wenn sie teilweise kuriose Blüten treiben. Man denke nur an die Etablierung von Gender-Toiletten, die das Pinkelngehen zu einem Akt von Gleichberechtigung stilisieren wollen. AstAs lassen sich mit aufgedrückten Themen zum Wasserlassen über Monate lähmen, als gäbe es für Studierende in diesem Lande keine anderen Sorgen als die gemeinsame Nutzung der Kloschüssel. Oder man denke mal an Ampeln, wie es in Flensburg wohl eine gibt[2], die nicht ein normales Ampelmännchen zeigen, sondern zwei männliche Figuren, die Händchen halten und damit klarstellen wollen: Diese

Straßenüberquerung ist nicht heterosexistisch, hier können sie gendergerecht ans andere Straßenufer gelangen.

Und das sind nur zwei Beispiele, wie man ein eigentlich ernstes Anliegen der Lächerlichkeit preisgibt. Deswegen sind sie aber nicht überflüssig. Das Problem ist nur, dass man diese Themen unter vielen Linken, auch unter gemäßigten übrigens, überbetont und als Metafragen verkauft. Die eigentliche Metafrage jeder linken Politik bleibt hierbei leider mal wieder auf der Strecke: Wie kriegen wir sozialen Ausgleich und – wenn es gut läuft – sogar soziale Gerechtigkeit so hin, dass sie als gesellschaftlicher Stabilisator wirkt?

Klar muss man den Anfängen wehren, gar keine Frage. Einerseits. Andererseits beschleicht einen das Gefühl, dass linker Zeitgeist heute mehr oder weniger eine Sache ist, die sich in symbolischen Protesten gegen Anschauungen richtet, die man selbst weder pflegt noch duldet. Position beziehen nennt man das dann. *Den Faschisten keinen Fußbreit!* Das ist so eine Parole, die pathetisch klingt, im Kern richtig ist, die mich als Linken aber ratlos zurücklässt. Die Gegendemonstration ist gewissermaßen der Klassiker des linken Lebensgefühls. Dagegen ist nicht grundsätzlich etwas zu sagen. Wer will schon Neonazis gestärkt wissen? Dagegen zu sein geht immer – für etwas zu sein: Da tut man sich unter ganz Linken dann schon beträchtlich schwerer. Ökonomische Gegenkonzepte aus dem linken Lager werden nämlich nicht so beseelt auf die Straße getragen, wie all diese Anti-Rechts-Initiativen. Idealistisch läuft es ganz passabel – doch materialistisch hinkt es gewaltig.

Ich werde den Eindruck nicht los, dass Linkssein für einen gewissen Teil des sich so fühlenden Publikums ein Konzept gegen Rechte ist; sie sind, ganz vereinfacht gesagt, deswegen links, weil sie nicht rechts sein wollen. Das ist vom menschlichen Standpunkt aus kein schlechtes Motiv, man steht nicht auf der Seite von Hetzern und Gewaltverbrechern. Es ist jedoch auf

Dauer viel zu wenig. Überdies ist es taktisch unklug, denn es zeigt, dass da Menschen *reagieren*, wo ein politisches Agieren notwendig würde. Von der Warte des Framing, von der Kognitionsforschung aus, stellt dieses Verhalten sogar eine Katastrophe dar. Denn wer sich sprachlich dennoch in eine Anti-Haltung pressen lässt, Abwehrreflexe an den Tag legt, den nimmt man früher oder später auch nur noch als Getriebenen, als von äußeren Einflüssen in Handlungsunfähigkeit gezwungenen Sidekick des Geschehens wahr. Man degradiert sich zur Anspielstation, wo man Spielmacher sein müsste.

Die Krise der Linken ist, ein bisschen salopp gesagt, ihr Idealismus. Denn das Konzept der Linken war von Anbeginn, als man diese Richtungsangaben entwickelte, immer ein progressives Modell, das sich der Verteilungs- und damit der Machtfragen widmete und einen wie auch immer gearteten Ausgleich finden wollte. Es war schlicht gesagt ein materialistischer Ansatz, den Marx später zu einer ökonomischen Theorie verarbeitete und die letztlich, nach dem bekannten Ausspruch, den romantischen Implikationen Hegels vom Kopf auf die Füße half, um zum dialektischen Materialismus, zum Diamat zu transformieren. Und es ist nun eben auch nicht alles schlecht und falsch am Diamat – wenn er doch zugegeben trocken und staubig aufwartete und phasenweise als der wohl beliebteste Anästhesist im real existierenden Sozialismus säleweise Schlafvorgänge einleitete.

Die linke Idee, inspiriert durch die Theorie der Neuen Linken aus den Sechzigerjahren, wurde irgendwie von diesem materialistischen Ansatz gekappt. Natürlich ging es damals auch um die Machtfrage. Verteilungsfragen spielten da hinein, waren aber nie das hauptsächliche Movens. Der studentische Protest als ein Aufruhr gutsituierter bürgerlicher Jungspunde sah letztlich auch gar keine Notwendigkeit darin, Fragen der Umverteilung überzubewerten. Dieser Impuls scheint sich, weshalb auch immer, vielleicht auch als Reminiszenz auf die 68er, die in bestimmten linken Kreisen als goldene Generation von Heiligen verehrt und eher unkritisch begutachtet wird, bis heute erhalten zu haben.

Besonders in den letzten Jahren hat sich aber verdeutlicht, dass eine linke Perspektive nicht rein in idealistischen Gefilden schweben darf. Sie muss sich der materiellen Frage annehmen, darf sich bloß nicht auf die falsche Fährte locken lassen, dass Materialismus an sich eine schlechte Angewohntheit von Habgierigen oder Schnäppchenjägern sei. Frugale Parolen sind keine Perspektive in einer Welt, die die Mittel hat, um eine materielle Wohlstandssphäre für alle zu sein.

Geht man diesen Parolen vom Antimaterialismus als linkem Ausweg aus dieser Welt auf den Leim, so verewigt man eben jenen »Kampf ums Dasein«, den Herbert Marcuse in den Sechzigerjahren noch »in der fortschreitenden Versklavung des Menschen durch einen Produktionsapparat«[3] zu erkennen glaubte. Für ihn war das ein Umstand, der die Menschen gewollt, ja gezielt mit Verknappung an die kurze Leine nahm. Die Selbstgenügsamkeit, die mancher Linke da als potenziellen Ausgang aus unserer materialistischen Konsumtempelwelt betrachtet, pervertiert Marcuses Gedanken insoweit, als jetzt diese »Verewigung des Kampfes um das Dasein« nicht mehr als Garotte der Renditenjäger und Kapitalisten bewertet wird, sondern als Ausflucht, um diesen Leuten den Zugriff zu erschweren.

Dieser Ansatz ist ziemlich destruktiv, weil ihm nicht sonderlich daran gelegen ist, dass die materielle Frage, die man anders auch als soziale Frage bezeichnen könnte, auf jene Weise beantwortet wird, dass es zu einer Stillung materieller Bedürfnisse und einer Verbesserung der allgemeinen Lebenssituation kommt. Er flüchtet sich in einen Pietismus, der Bescheidenheit lehrt, statt »Reichtum für alle« als Auftrag anzunehmen.

Man darf jetzt freilich nicht den sorgenlosen Materialismus, mit dem wir es in dieser aktuellen Weltordnung zu tun haben, mit einem gesunden Materialismus verwechseln. Ohne ökologische Erdung geht linke Perspektive nicht, Nachhaltigkeit kann auch ein Wachstumsmarkt sein. Man muss über qualitatives Wachstum sprechen, das den quantitativen Ansatz des heutigen Wirtschaftssystems ersetzt. Blinder Konsumismus ist keine Antwort auf die Probleme. Blinde Konsumverweigerung allerdings auch nicht. Und da Letzteres ganz oft auf die intellektuelle Eitelkeit und Integrität unserer speziell linken Freunde zurückzuführen ist, ist die Haltung nicht nur falsch, sondern auch noch verlogen.

Wenn die Abgehängten und Modernisierungsverlierer großspurig perspektivische Sparsamkeit als warmen Ratschlag aus der linken Ecke zur Hand bekommen, dann sollte man sich nun wahrlich nicht wundern, dass sie zu denen abwandern, die sich als Kümmerer aufführen, auch wenn die es natürlich gar nicht sind. Die AfD kommt eben genau da ins Spiel. Und als Vollendung der Arroganz müssen sich dann deren Wählerinnen und Wähler von jenen frugalen Austeritätslinken auch noch als Nazis beschimpfen lassen, als Leute, die nicht zu schätzen wüssten, wie gut es ihnen in dieser Demokratie geht. Da klingen sie ganz wie die Kanzlerin an Weihnachten und Silvester.

Mit linker Ökonomie, die keine Verweigerungsökonomie sein will, würde man diese Leute zurückgewinnen. Man sollte daher weniger gegen sie demonstrieren, sondern verstärkt für sie. Für deren materielle Teilhabe, Arbeitsplätze, Arbeitsschutz und Sozialangebote.

Schönreden sollte man da außerdem natürlich nicht, dass die Rematerialisierung gute und harmonische Menschen fabriziert. Die materialistische Deutung der Linken, das heißt deren Rückbesinnung auf Gewerkschaft und Arbeiterbewegung, die Wiederentdeckung neuer Klassenpolitik unter modernen Vorzeichen, führen nicht automatisch dazu, dass wir uns in einem Milieu netter und verständiger Leute bewegen. Die Arbeiterinnen und Arbeiter, so schrieb Didier Eribon schon vor einigen Jahren in seinem bereits oben erwähnten Buch, waren auch in den Zeiten, in denen sie sich ihres Klassenhabitus noch wesentlich bewusster waren als in der heutigen Zeit, auch nicht ausländerfreundlich oder tolerant gegenüber Homosexuellen. Ganz im Gegenteil, sie gingen diesen beiden Gruppen etwas aus dem Weg oder sie in rüdem Ton an. Eribon selbst wuchs als Homosexueller in einem solchen Arbeitermilieu auf. Der heterosexistische Standard in dieser Klasse vertrieb ihn aus seinem Sozialisierungsmilieu. Aber letztlich, so schrieb Eribon weiter, haben die Arbeiterinnen und Arbeiter dann auch mit ihren algerischen Kollegen, die sie sonst eher ablehnten, gemeinsam im Sinne ihres Klasseninteresses gegen ihre Widersacher und Ausbeuter gekämpft. Man konnte diese leider so menschlichen Affekte wie Xenophobie zurückstellen, um sachlich für die materialistische Besserstellung einzustehen. Die Neuen Rechten, die sich den Chic einer Klassenpartei aneigneten, aber im Kern eine Rassenpartei sein wollen, tun das Nötige dazu, um eine solche Rückstellung der niederen Instinkte und Affekte zu verhindern. Sie definieren die Klasse hart arbeitender Menschen als Franzosen oder Deutsche und gewähren mit selbstgerechter Generosität noch einigen französisierten oder eingedeutschten Ausländern die Inklusion in die Arbeiterrasse. Jeder, der über diese Definition hinausgeht, wird zum Adressaten xenophober Tiraden.

Die alten Klassenparteien, die tatsächlich Vertreter eines linken Materialismus waren, kanalisierten aber immer wieder geschickt die Intoleranz und belegten damit, dass Toleranzthemen nicht die Priorität der Linken darstellten, sondern einigermaßen gut als Nebenschauplatz fungieren.

Die linken Linken betreiben das Geschäft genau andersherum. Zugegeben, sie tun es nicht alleine, auch die rechten Linken, die Strukturlinken aus der Sozialdemokratie und die Grünen pflegen ebenfalls eine solche Sicht der Dinge. Wobei die es in den letzten Jahren so hielten, um weiterhin die von der Wirtschaft geforderte neoliberale Agenda durchziehen zu können. Die Überbetonung des Toleranzaspektes war da die letzte Ausflucht, um sich einen linken Anstrich geben zu können. Linke Linke und eben besonders ihre Leader hingegen lassen materialistische Gesichtspunkte aus voller Überzeugung gerne mal unter den Tisch fallen. Sie definieren die Linke ideengeschichtlich als Erziehungs- und in besonders üblen Fällen als Umerziehungsauftrag. Doch wer lebt schon gerne im porentief reinen Moralinsud, wenn der Magen knurrt und die soziokulturellen Hungergefühle nicht gesättigt werden können? Mit der Verteilung des Wohlstandes beginnen die Fragen des Gemeinwesens. Konventions- und Toleranzfragen sowie Sittlichkeitsvorstellungen kommen hinterher.

Es kann natürlich sein, dass der hier eingeforderte Materialismus auch nur so ein naiver Idealismus ist. Zumal dann, wenn einem klar wird, dass man die Menschheit nie zu einer geschlossenen Einheit anständiger Individuen formen kann. Sie wird wohl niemals als eine Art globale Ethikkommission wirken und dumme Sprüche gegen Randgruppen wird es auch dann geben, wenn die materiellen Grundbedürfnisse anständig gedeckt sind. Das muss man aber aushalten können. Ungleichbehandlung kann man in vielen Punkten justiziabel machen. Aber das Denken der Menschen modifizieren: Man sollte sich eines solchen Sendungsbewusstseins dringend entledigen, es hält einen nur auf und hat keinerlei Realitätsanspruch.

Und überdies schrecken solche Feuchträume von der Umerziehung des menschlichen Geschlechts ab. Wer solche Anklänge pflegt, der erweist linken Perspektiven einen Bärendienst. Die Jürgens im Lande haben nämlich etwas gegen Gouvernanten.

Das Nichtige wichtig, das Wichtige nichtig

Einige Monate nachdem die Kanzlerin in einem Akt der eigenen Imagepflege die deutschen Grenzen für Geflüchtete öffnete, ärgerte sich der private Betreiber eines Frankfurter Museums über diese politische Entwicklung. Und weil er seinen Twitteraccount nicht brachliegen lassen wollte, zwitscherte er sich seinen Frust von der Seele. Konstruktives kam dabei nicht rum, nur »Gesockse« und »syrische Verbrecher«[4] witterte er überall im Deutschland nach der Willkommenskultur. Eine ähnliche Wortwahl kam auf jeder Pegida-Versammlung, die was auf sich hielt, in gleicher Güte vor. Aber der Museumsgründer bevorzugte es online und erntete prompt berechtigt Widerspruch und rhetorische Gegenwehr. Selbst die regionalen und überregionalen Medien wussten die gezwitscherten Vorfälle schnell einzuschätzen. Und ehe man sich versah, distanzierten sich die Stadt Frankfurt und das Land Hessen von dem Mann und seiner Einrichtung. Vergünstigungen wie die Hessen-Card, die von eben jenem Bundesland finanziert wird, verweigerte man der musealen Einrichtung umgehend. Die Stadt Frankfurt nahm den Hinweis zum Museum von ihrer Website und kündigte die einvernehmliche Zusammenarbeit auf. Kritik könne man schon üben, lauteten die Statements der öffentlichen Stellen. Aber bitte im angemessenen Ton, der nicht übergangslos in Hetze ausufert.

Diese Vorgänge, die gegen den hetzerischen Museumsbetreiber in Gang gesetzt wurden, ratterten schon, als auch die linken Linken der Stadt Frankfurt, angeführt von den üblichen Aktivisten aus dem dithfurthschen Lager, die Szenerie betraten. Sie posteten den Account des Museums voll, hetzten zurück und vereinbarten eine Kundgebung vor den Toren des Museums. Man las bereits davon, dass die öffentlichen Stellen keine Lust mehr auf eine Zusammenarbeit mit dem Museum hätten, da dichteten sie sich noch etwas vom Schulterschluss Frankfurts mit örtlichen Rassisten zusammen. Deshalb sei das Gebot der Stunde, jetzt ganz schnell ein Zeichen zu setzen gegen diesen Wahnsinn.

An einem regnerischen Nachmittag traf sich dann eine Handvoll Hartgesottener. Sie setzten ein Zeichen. Der Museumsgründer weilte indessen noch im Urlaub außer Landes. Seine Mitarbeiter durften es ausbaden, so wie sie es schon gegenüber der Presse tun mussten, indem sie ihren Chef als abwesend entschuldigten. Einen solchen Chef wünscht man sich als Angestellten. Die Demonstranten skandierten Parolen, der Faschismus drohe jetzt aus diesem Museum heraus über die Stadt zu suppen und es sei folglich der Moment, in dem die Anständigen die Toiletten des Museums mit Klopapier versauen sollten. Dieser Racheaktion, die die Menschheit aufrütteln sollte, nahmen sich dann einige mit viel Herzblut an. Ob sie indes Eintritt zwecks Toilettenbesuchs bezahlt haben, weiß heute niemand mehr so genau zu sagen. Doch für eine gute Sache hat sich noch jeder finanzielle Mehraufwand gelohnt. Besonders jetzt, da das Museum vor schweren Zeiten stand, konnte es nicht schaden, den Absatz anzukurbeln. Klopapier zu werfen, das macht ja nebenbei bemerkt auch eine Menge Spaß und kennt man auch aus dem Fußballstadion, in dem sich viele dieser speziellen Frankfurter Linken auch politisch arrangieren.

Dort zeigen sie Einsatz gegen die Kapitalisierung des Spiels und die Kommerzialisierung des Sports. In Schal gewickelt und im Nike-Trikot gewandet fällt ihnen ein, dass man diesen Entwicklungen zum endgültigen Merchandising Einhalt gebieten muss. Aus Protest würden sie ihr gottgegebenes Dauerkartenrecht auf Anwesenheit bei einem Heimspiel kurz ruhen lassen und bei der nächsten Partie zehn Minuten später auf die Tribüne stürmen. Na, wenn da mal nicht der Fußballbetrieb in seinen Grundfesten wackelt und die FIFA ihren Ethikrat um schnelle Lösungen des Problems bittet!

Um den Leser nicht im Ungewissen zu lassen, sollte man an dieser Stelle nachlegen, dass das Museum mittlerweile seine Pforten geschlossen hat. Aus Altersgründen, wie der Gründer der Presse mitteilte. Man schicke die Exponate nun als Wanderausstellung durch die Lande. Nun ja, vielleicht lag es ja doch in Wirklichkeit weniger am Alter als an der öffentlichen Ächtung. Oder am Klopapier – man weiß so wenig.

Das ist so ein Beispiel, wie die Nichtigkeit zu einer linken Wichtigkeit stilisiert wird, die ihr bei objektiver Betrachtung gar nicht zukommen kann und die im Grunde auch eine immense Energieverschwendung darstellt. Im Falle dieses Museums hat man nur nachgetreten, die wesentlichen Schritte waren doch ohnehin schon eingeleitet. An dieser Stelle könnte man mal wieder paternalistisch danebenstehen und die linken Linken ein bisschen überheblich in Schutz nehmen: Lass doch die Kleinen spielen. Die sind doch noch so jung. Was wissen die denn schon vom Leben da draußen? Man muss sich in dem Alter ja doch die Hörner abstoßen.

Doch so einfach ist es nicht. Dahinter stehen die Verweser des linken Restgeistes, gestandene Erwachsene, die in ihrer Rolle an der Zerrüttung der Relevanzkompetenz mitwirken – ob sie wollen oder nicht.

Wenden wir uns nochmals Jutta Ditfurth zu, die auf ihrer Website relativ wenig politische Botschaften absondert. Was aber sofort ins Auge sticht, ist ihr Kampf gegen Jürgen Elsässer, den sie einst einen »glühenden Antisemiten« nannte und wofür sie vor Gericht zu hören bekam, dass sie das so nicht sagen könne. Ob diese Einschränkung richtig ist oder nicht, soll hier nicht erläutert werden. Außerdem gibt es an dieser Stelle weder Raum noch Zeit noch Lust, um den gesamten Fall aufzurollen. Ganz einfach darum nicht, weil es – wenn überhaupt – ein Nebenschauplatz ist. Für Frau Ditfurth und ihre Anhänger ist es hingegen eine ganz große Nummer, vielleicht der zentrale politische Kampf dieser Tage. Denn wenn man einem Menschen wie Elsässer nicht mal mehr ehrabschneidende Worte nachrufen darf, dann ist die politische Freiheit der letzten aufrechten Linken nicht nur in Gefahr, sondern gewissermaßen abgeschafft. Das geht nun wirklich nicht. Deshalb betont Frau Ditfurth immer wieder gerne, dass sie zu dem Vorwurf an Herrn Elsässer stehe und bemüht die nächsten Gerichtsinstanzen. Hierzu ruft sie solidarisch zu Spenden auf – schließlich tut sie es ja nicht für sich alleine, sondern für die Sache und damit für die ganze linke Community. Für das Recht, jemandem etwas an den Kopf werfen zu dürfen. Das ist doch was!

Und weil hier ja alle betroffen sind, Frau Ditfurth gewissermaßen bloß als Stellvertreterin für alle aus der Fundi-Zunft steht, ruft sie gar nicht erst auf privaten Kanälen zur Spende auf, sondern nutzt die Homepage von ÖkoLinX – und vor allem das parteieigene Konto. Verwendungszweck »Elsässer-Prozess« – herzlichen Dank! Ob das dann der Dank der Partei, der Frau oder der Personalunion daraus ist: Man weiß so wenig und ahnt so viel.

Die Sache stilisiert sie auf diese Weise zu einer Wichtigkeit, die einer solchen Nichtigkeit gar nicht zustehen dürfte. Die Marginalie ist dort der zentrale Punkt, von dem alle anderen Sachthemen abzweigen. Die Nebenschauplätze des Privatlebens, wir wissen das seit den Sechzigerjahren, sind überhaupt keine Randbezirke. Sie sind viel mehr die eigentlichen Hebel des Politischen. Von einem entspannten Standpunkt aus kann man diesem Slogan, dass das Private politisch sei, diese Konzeption der *Politik der ersten Person*, wie man auch noch dazu sagt, auch tatsächlich etwas abgewinnen. Die Frauenbewegung hat das in den Siebzigern immer wieder betont. Sie lag da auch nicht falsch. Wenn ich dem trunkenen Gatten seine Grobheiten unterwürfig mit Fellatio vergelte, darf ich mich als Frau nun wirklich nicht wundern, als politisches Subjekt nicht wahr- oder ernst genommen zu werden. Das gilt auch für andere Aspekte des Lebens.

Wie kann ich als politisches Subjekt gewaltfreie Institutionen des Staates fordern, wenn ich meinen Kindern den Kochlöffel über die Backe schnalze?

Es stimmt schon: Das Private ist politisch. Oder anders gesagt: Die Kleinheit eines privaten Lebens wirkt auf die politische Szenerie ein. So trifft es vielleicht eher zu. Dennoch muss man diese Theorie entspannt betrachten, sie nicht generalisieren. Nicht jeder Schiss wird zum Statement. Nicht jede abgerollte Klopapierrolle auf einer Museumstoilette ist politische Botschafterin, nicht jedes Juristengefecht zwischen einem spirituellen Cyberleader und einem schwammigen Journalisten zeitigt Wirkung. Überlädt man solche Banalitäten jedoch, füllt man seine Zeit mit der Auseinandersetzung solcher Sujets aus, stiehlt man politischer Wichtigkeit die Reserven, die sie bräuchte, um adäquat behandelt zu werden. Man verschiebt die Prioritäten und mündet direkt in einer Sackgasse: im Gegenteil von Politik, in der Entpolitisierung.

Alles entpolitisiert

Kurz vor der ersten Wahl Angela Merkels zur Kanzlerin ließ man einige Damen zu Sandra Maischberger[5] pilgern. Man wollte diskutieren, was eine eventuell erste Bundeskanzlerin der Bundesrepublik den Frauen einbringen könnte. Neben Wibke Bruhns und Hanna-Renate Laurien waren auch Nina Hagen und Jutta Ditfurth mit von der Partie. Letztere gerieten sich übrigens schrecklich in die Haare, weil Hagen als Wahlkämpferin der Grünen so tat, als habe es unter Rot-Grün nie Kriegseinsätze der Bundeswehr gegeben, während sie einer möglichen Kanzlerin Merkel einen Krieg unterstellte. Aber das nur nebenbei. Jutta Ditfurth versprach sich aufgrund von Merkels Geschlecht nichts, Eierstöcke alleine seien kein Kriterium. So weit, so gut.

Heute sind wir klüger, wir wissen, was es den Frauen gebracht hat: wenig. In bösere Zungen übersetzt: nichts. Wir wissen ferner, was es uns allen geschlechterübergreifend eingehandelt hat: neoliberale Reformen, die der farbenfrohe Hosenanzug hinter einem grauen Vorhang verkappt. Die Republik ist eine entpolitisierte Zone geworden, man sediert, wo ein demokratischer Prozess angestoßen werden müsste. Stillstand eben. Weiter so halt.

Nun könnte man ja festhalten, dass Frau Ditfurth schon den richtigen Riecher hatte. Doch in gewisser Weise spielt sie eine ähnlich aussitzende Rolle wie diese mächtige Gegenspielerin aus Berlin. Auch sie entpolitisiert ihre kleine Gefolgschaftsrepublik, auch sie beißt diejenigen aus ihrer Freundschaftsliste weg, die nicht mehr gefällig sind. Nur dass bei ihr die Weggebissenen nicht Stoiber, Wulff oder Merz heißen. Außerdem drängt sie »ihre Freunde« in den Netzwerken dann und wann dazu, bestimmte unliebsame Charaktere auch aus deren Liste zu entfernen. Im Kollektiv sind Reinheit und Reinlichkeit noch immer am schönsten.

Jutta Ditfurth spielt sich zuweilen auf wie diese entpolitisierende Politanästhestin im Kanzleramt – mit weniger aufgebrachten Methoden, mit übersichtlicheren Mitteln freilich. Aber auch sie manövriert sich durch die Landschaft, ohne zu bestimmten Sachthemen etwas zu sagen. Sie bietet, wie im letzten Zwischenkapitel beschrieben, stattdessen Surrogate von eher untergeordneter Wichtigkeit an. Was man bei der Frau im Hosenanzug von Seiten der Sozialdemokratie etwas larmoyant »asymmetrische Demobilisierung« nannte, könnte man bei der Ikone der letzten linken Mohikaner vielleicht als »symmetrische Amortisierung« bezeichnen. Als einen Akt, der politischen Gehalt durch Ungleichbelastung und falsche Relevanzsetzung tilgt und über den Styx schiffen lässt.

Man nehme sich doch als Beleg hierfür nur mal den Umstand vor, wie es in diesem Spektrum Usus ist, irgendwie unangenehme Entwicklungen grundsätzlich gleich mal dem Faschismus zuzuordnen. Diese beliebte Fingerübung bewirkt ja nicht, dass man die Verhältnisse in einen politischen Ordnungsrahmen bekommt, mit dem man argumentativ arbeiten oder gar im Sinne eines politischen Gestaltungsauftrages tätig werden könnte. Diese Einordnung als das Faschistische führt ja sofort zu einer Abkehr und zu einem Szenario, in dem linke Linke eben nicht mehr gestalten wollen, sondern moralische Erdrücker mimen, denen die bloße Existenz eines Phänomens, das nach ihrer Einschätzung eben faschistisch ist, schon wie eine Beleidigung gilt. Da zieht man sich dann aus der Debatte raus, vorher schreit man noch laut Zeter, plärrt Mordio – und ehe man sich versieht, landet man in diesen Kreisen in einer Verbitterungshaltung oder Resignation, welche oft nicht mehr als das Produkt einer internen Gruppendynamik ist, die ein politisches Handeln im Sinne von Gestaltung ausschließt.

Insofern betreibt man in den Kreisen, in denen man Jutta Ditfurth als letzte Entität vor dem letzten Gefecht betrachtet, eine seltsame Art von Politisierung, die zwangsläufig in ein entpolitisiertes Klima münden muss, was als solches jedoch nur sehr bedingt wahrgenommen wird. Dieser stete Drang nach porentiefer Moral und die utopische Haltung, dass es etwas wie den reinen Menschen, den blütenweißen Staat oder die absolut gute Politik geben könne, transformieren diese politischen Kreise zu einer Gruppe von politischen Wesen, die aber moralisch so gelähmt sind, dass die keine Politik mehr beeinflussen wollen, sondern sich in eine politische Nicht-Politik einigeln. Die introspektive Gruppendynamik forciert diesen Umstand freilich noch. Wenn alle, mit denen man sich abgibt, eine solche Denke kolportieren, dann gibt es keine Notwendigkeit, diese eigene unpolitische kollektive Zwangsneurose zu überdenken.

Jutta Ditfurth ist bei diesem entpolitisierenden Prozess freilich nur ein Rädchen. Aber eines an einer wichtigen Stelle. Sie ist eine Instanz. Und sie weiß das auch. Leugnete sie es, müsste man das als Understatement abtun. Und das nimmt man ihr nicht ab. Natürlich weiß sie ganz genau, dass sie ihr wohlwollendes Publikum mit jeder neuen Botschaft aus dem Orkus reinen Linksseins in Schwingungen versetzt. Sie weiß, dass sie die maßgebliche Entität derer ist, die sich links als Lebensgefühl einer erleuchteten Exlusivgesellschaft, nicht als politische oder wirtschaftliche Stoßrichtung bewahren wollen.

Wenn sie nun überkritisch eine Massendemonstration gegen ein Freihandelsabkommen nur deshalb aburteilt, weil unter dem Publikum einige Leute zu sichten waren, die mehr oder weniger deutlich Nähe zu Rechten aufweisen, dann ist das kein politischer Akt mehr, sondern ein eitel ins Feld geführter Angriff, der darauf abzielt, all die jungen Gefolgsleute zu einer Denkart zu überreden, in der Massenproteste eben nicht mehr Ausdruck politischen Willens sind, sondern fremdgesteuerte und dumme Affekte, die man unbedingt bloßlegen muss.

Zurück bleiben junge Frauen und Männer, die ausgerechnet in der Phase ihrer politischen Sozialisation an eine linke Meinungsmacherin geraten, die ihnen keine schöpferischen Anzapfstellen für einen wie auch immer gearteten politischen Gestaltungswillen empfiehlt, sondern sie in eine politische Verweigerungshaltung, ja in einen unpolitischen Pessimismus hineinmanövriert.

Wie genau man glaubt, mit einer solchen Haltung Einfluss auf die gesellschaftlichen Prozesse nehmen zu wollen, bleibt indes schleierhaft. Oder will man das etwa gar nicht? Steckt dahinter die verletzte Eitelkeit einer ganzen Generation standhaft gebliebener Radikallinker?

Die verlorene Deutungshoheit oder
Geriatrischer Radikalismus

In den letzten Monaten wurde in der deutschen Öffentlichkeit viel von den Abgehängten gesprochen. Gemeint waren damit diejenigen, die sich unter der Flagge von Pegida oder dem Banner der AfD versammelten, um ihrem Unmut über ihre gesellschaftliche und ökonomische Außenseitersituation Nachdruck zu verleihen. Die linken Meinungsmacher im nun schon etwas gesetzteren Alter, auch sie sind Abgehängte. Wenn auch nicht exakt so wie die an den rechten Rand abgerückten Zeitgenossen. Auch sie haben den Anschluss verloren und spüren, wie ihnen die Welt aus den Tagen, in denen sie jünger und auf der politischen Bühne wichtiger waren, abhandengekommen ist. Einst waren sie Vertreter eines Aufbruchs, Mitläufer in Movements, die ein bisschen im Poker der Deutungshoheit mitmischen durften. Jutta Ditfurth war auf alle Fälle jemand, der Deutungshoheit für sich in Anspruch nehmen konnte. Als grüne Abgeordnete erzielte sie überregional Wirkung und beeinflusste die Agenda der Bundespolitik mal mehr, mal weniger. Nach ihrem Abgang, bei dem ihr die Realos sicherlich übel mitspielten, verlor sie diesen Anspruch, an der Deutung der Vorgänge mitzuwirken.

Es wäre vermessen, es wäre vor allem laienhafte Küchenpsychologie, dahinter ein aufgestautes Psychotrauma zu vermuten. Das ist ja auch ein starkes Wort. Man sollte vorsichtig damit umgehen, zumal in der Ferndiagnose. Aber Zorn ob dieses Verlustes dürfte bei Frau Ditfurth wie bei vielen alten Recken der guten alten Zeit mindestens vorherrschen.

Es ist ja nicht nur so, dass ihr die parteiliche Position entzogen, dass ihr also nur ein Sprachrohr abgenommen wurde, um in Deutschlands Innerem Debatten anzustoßen. Ihr liefen im Laufe der letzten Dekaden auch die Themen mehr und mehr davon. Vieles von dem, was sie propagierte, war plötzlich kein Alleinstellungsmerkmal ihrerseits mehr.

Auch Toleranz- und Emanzipationsthemen, die sie nachdrücklich vertrat, wurden im Mainstream immer stärker forciert, aber meist von dem Teil der strukturellen Linken, der sich dem neoliberalen Kurs verschrieben hat. Das war und ist nach wie vor eine beliebte Taktik bei Sozialdemokraten und Grünen, um weiterhin die linke Klientel bedienen, die soziale Frage aber ad acta legen zu können. Erinnert sei zum Beispiel an Martin Schulz' Schwenk kurz vor der letzten Bundestagswahl. Erst wiederholte der Kanzlerkandidat dauerhaft, er wolle mehr soziale Gerechtigkeit im Lande und daher müsse er dringend Kanzler werden, dann ersetzte er die Forderung durch eine Richtungsabstimmung zur Ehe für alle, eben auch für Homosexuelle und machte davon die Koalitionsbereitschaft seiner Partei abhängig: Toleranzthema sticht Sozialthema. Einige Wochen davor hatte er übrigens noch emsig an den Grundlagen einer etwaigen Autobahnprivatisierung mitgewirkt.

Ditfurths Theorien flankierten zuletzt traditionelle linke oder gewerkschaftliche Politik immer seltener. Ganz im Gegenteil, sie hielt die Linkspartei von Anbeginn für einen Irrweg, weil das eine Partei sei, die nicht samt und sonders den Kapitalismus abschaffen will, sondern sich in ihm bewegt. Bis vor einigen Jahren hat sie durchaus selbst noch Kritik an der herrschenden Ökonomie geübt, ihr Buch *Zeit des Zorns*[6] belegt dies eindrücklich. Je mehr aber die Systemkritik salonfähig wurde – das war gerade nach der Finanzkrise der Fall, als plötzlich eine Mehrzahl der Bundesbürger angab, eigentlich mit dem Kapitalismus nicht zufrieden zu sein –, desto stärker wandte sie sich von diesem Thema ab. Das wirkte fast so, als habe Frau Ditfurth für sich beschlossen, grundsätzlich nie mit der Masse zu schwimmen, auch dann nicht, wenn der Mainstream doch mal nicht ganz falsch liegt mit einem Teil seiner gesetzten Agenda.

Von diesem Moment an spickte sie ihre Themen neu, sprach sie zum Beispiel von Sprachcodes, die bei der Kritik am Finanzkapitalismus zum Tragen kämen. Überhaupt sei diese Kritik am Finanzkapitalismus ein unglaublicher Fehler, weil man damit ja nicht antikapitalistische Haltung zeige, sondern das raffende vom schaffenden Kapital absondere und indirekt antisemitisch sei. Dass Linke hier mitmischten, das hielt sie für besonders verwerflich. Sie war im Lager derer angekommen, die die Querfront überall dort ausmachten, wo Linke nicht gewillt waren, einen weltfremden Kurs einzuschlagen.

Kaum schätzte man gewisse Situationen realpolitischer ein, fragte man zum Beispiel nach den Folgen der Grenzöffnung im September 2015 und wies auch auf Probleme bei der Unterbringung der Geflüchteten hin, ganz so, wie es Lafontaine und Wagenknecht taten, musste man sich Vorwürfe gefallen lassen, man würde hier den Schulterschluss zu den Neuen Rechten suchen. Alles, was rhetorisch nicht in der Naivität und Romantik der Willkommenskultur blieb, machte sich verdächtig, an einer Querfront zu basteln. Eine solche Begutachtung ist nicht nur albern und in Teilen paranoid, sie ist auch grundgefährlich, weil sie versucht, die Linken aus dem Diskurs zu halten. Aber Augen verschließen und guter Hoffnung sein: Das ist eigentlich die Paradedisziplin der ewigen Aussitzerin in der Willy-Brandt-Straße 1 in Berlin.

Natürlich war Jutta Ditfurth als Vertreterin der Neuen Linken immer radikal im Sinne des Wortes, also ging sie die Sache an der Wurzel (lat. *radix*) an, mochte nicht einfach mit der Heckenschere das Blattwerk stutzen. Das war eine Haltung. Man musste sie nicht immer schlüssig finden, konnte aber nachvollziehen, dass da jemand Prinzipien hatte. Dieser stets präsente Radikalismus ist aber in den letzten Jahren zu einem geriatrischen Radikalismus degeneriert, aus dem kein linker Optimismus mehr herauszuhören ist. Stattdessen spricht aus ihm triste

Verbitterung und fast poststalinistischer Säuberungszwang. Solche Affekte scheinen jedoch ziemlich normale Symptome von Leuten zu sein, die im Anspruch cäsarischer Allwissenheit die Zeitläufte bewerten.

Fairerweise muss man sagen: Nicht nur bei ihr ist das so, sondern auch bei vielen anderen neuen Linken von einst, die heute zu Altlinken gereift sind und die man in einer Netzwerk-Bubble so kennenlernt. Mit jedem neuen Thema in der Öffentlichkeit verschärft sich ihr Faible für resignative Abkehr von der politischen Gesamtsituation. Jutta Ditfurth ist da nur ein Name von mehreren. Ganz sicher aber der prominenteste Name im deutschsprachigen Raum.

Was diese alten Linken allerdings mit den Jungen anstellen, muss man als einen gefährlichen Generationenvertrag kennzeichnen, in dem der Altersstarrsinn jugendliche Naivität sucht, auch findet und instrumentalisiert. Schade um die Energien, schade um das Potenzial. Man könnte diese raffende Aufmerksamkeitsökonomie doch viel schaffender umsetzen. Dann hätten alle etwas davon.

Die Linke schafft (sich) ab

»Alle politische Kleingeisterei besteht in dem Verschweigen und Bemänteln dessen, was ist.«

– Ferdinand Lassalle –

Die Zeiten sind reif für linke Politik. Nicht erst seit gestern. Und trotzdem: Der Neoliberalismus hat sich nicht nur erholt, er hat eine neue Evolutionsstufe erlangt. Selten zuvor kam er seiner selbstprophezeiten Alternativlosigkeit näher. Nach den Krisen der letzten Zeit hat er sich in Deutschland behauptet und etabliert, was ihn so aussehen lässt wie einen widerstandsfähigen theoretischen Überbau für eine sattelfeste Zukunft. Klar merkt man, dass es Verlierer gibt, dass wir es mit einer kannibalischen Ordnung der Dinge – wie Jean Ziegler[1] das System mal nannte – zu tun haben. Aber da partout so getan wird, als gäbe es zu all diesem Treiben keine Wahlmöglichkeiten, nimmt man auch das hin. Man wird selbst schon über Wasser bleiben, hofft so jeder für sich alleine und so werden wir gemeinsam einsam. Man grenzt sich von den Verlierern ab und redet sich ein, auf der sicheren Seite zu sein. Nie wirkte die von Bourdieu ins Feld geführte Distinktion so stark wie heutzutage. Lieber richtet man sich in so einer Gesellschaft als in gar keiner Gesellschaft ein. Dabei ist Gesellschaft wie das Wetter: Es gibt immer eine, die Frage ist nur, wie man sie regelt und wie man einen anderen Plan verkauft.

Die Partei der Linken gibt sich, bei allen internen Richtungs-
streitigkeiten, als relativ gemäßigter Krämer in dieser Sache.
Sie will grundsätzlich eine andere Gesellschaft, aber verzichtet
weitestgehend auf Umsturzrhetorik – einige fundamentalistische Protagonisten innerhalb der Partei sind eher Ausnahme als
Regel.

Die Menschen sehen dennoch all die rabiaten Linken, die mit
ihren überzogenen Forderungen und Beglückungsutopien, mit
ihren Umerziehungsphantasmagorien und Marxeleien, mit ihren Straßenkrawallen und ihren Molotowcocktailpartys im Kiel-
wasser dieser Partei dümpeln, als Parteigenossen oder zumindest -sympathisanten an. Aufgrund ihrer Lautstärke werden
diese linken Prachtexemplare stets als Erste ihrer Art wahrgenommen. Ich habe Jürgen ja schon vorgestellt. Er würde die
Linkspartei durchaus wählen, er kennt seine Stellung als Arbeiter und er erkennt in vielen linksparteilichen Positionen seine
Interessen abgebildet. Aber irgendeine abgehobene Forderung
kommt dann kurz vor dem Kreuzchen im Wahllokal immer in
die Quere. Entweder ein abstrakter Vorschlag zur Abschaffung
des Schlechten schlechthin, für einen Veggieday oder aber man
flankierte politische Tagesereignisse mit einer arg intellektuell
verbrämten Rhetorik aus den Neunzigern, aus den Achtzehn-
neunzigern wohlgemerkt, und stellte wieder mal klar, dass neue
Ansätze nicht zu erwarten seien.

Linke haben sich in den letzten Jahrzehnten besonders destruktiv ausgetobt. Sie haben aufgelistet, was sie abschaffen
wollen und werden, aber wenig aufgezeigt, wie sie es anders
anzustellen gedenken. *Abschaffen* ist zu einem linken Lebensgefühl mutiert, das irgendwie immer einen richtigen Aufhän-
ger findet, aber dann keine oder nur wenige weitere Schritte
kommuniziert. In diesem Modus hat sich *der Linke an sich* für
die Jürgens dieses Landes zu einem Meckerer degradiert, hat
allerlei Frames geliefert, um als Grantler eingeschätzt zu wer-

den, der zwar klarmacht, was er nicht haben will, dann aber nur sehr unzureichende oder eben auch realitätsferne Ersatzangebote an die Hand gibt.

Natürlich muss man unliebsame Konzepte zunächst abschaffen, das Haus erst löschen, bevor man einen neuen Bauplan zeichnet, wie Viviane Forrester in ihrem Widerstandsbuch[2] gegen den Neoliberalismus einst formulierte – aber wenn man zum Beispiel immer wiederholt, dass es das Ziel linker Politik sein müsse, den Kapitalismus abzuschaffen; oder eleganter gesagt, ihn zu überwinden, dann ist das nicht mit der Abschaffung eines kostenlosen Stückes Obst in der Schulmensa vergleichbar. Wir reden hier schließlich von einem Ordnungssystem allen Handelns. Da muss schon mehr kommen – und es müssen vor allem Perspektiven aufgezeigt werden, die einem in Aussicht stellen, dass es den Menschen dort, in diesem Nicht-Kapitalismus, besser ergeht. Daran jedoch mangelt es zwangsläufig, weil ein solcher Topos nicht realiter gedacht werden kann und daher nicht ganz glaubwürdig wirkt.

Der Humanismus ist als Ansatzpunkt der historischen Linken nicht überholt. Er ist wie die Aufklärung nach wie vor die rote Linie linker Denkweise. Dass der Mensch Zweck und nicht Mittel ist, kann nicht als Marginalie abgetan werden. Dieter Hildebrandts gewieftes Bonmot sei hier passenderweise mal eingeschoben: »Der Mensch ist Mittelpunkt? Der Mensch ist Mittel. Punkt.« In zwei Sätzen ergibt sich der Unterschied zwischen der neoliberalen und der linken Konzeption von Gesellschaft. Linke sollten als Anliegen haben, dass das Wort *Mittelpunkt* zusammengeschrieben wird.

Wahr ist aber auch, dass die Kognitionswissenschaften den Menschen neu beleuchtet haben und ein reiner romantischer Humanismus einen schweren Stand hat. Weder ist der Mensch, ganz im Sinne Rousseaus, ein durch Zivilisation in Sittlichkeitsfragen total versauter Zeitgenosse. Noch ist ihm, wie Kant meinte, die Sittlichkeit apriorisch in die Wiege gelegt. Vielmehr ist er ein biologisch-neuronaler Apparat voller Frames und Abwägungen, irrational in den meisten seiner Entscheidungen und überdies mindestens von Natur aus so schlecht, wie er gut sein kann.

So wie die Linke das Erbe des Humanismus verwalten muss, so sehr muss sie sich vor allzu naivem Humanismus scheuen. Letzterer wird unter linken Linken leider zu gerne vertreten. Ihr Vulgohumanismus ist eine Bürde, denn wer bedingungslos am Guten im Menschen festhält, um damit Politik zu machen, der gibt sich als ein Vertreter der Einfältigkeit zu erkennen. Man sollte immer auch das Schlechte im Auge behalten, diejenigen Aspekte der *conditio humana*, die nicht zur Romantik taugen.

Kapitalismus abschaffen?

Linkes Politikverständnis versteht sich gemeinhin als der Blick auf das große Ganze. Natürlich gibt es auch linke Kommunalpolitiker, Stadt- und Gemeinderäte etwa. Aber wenn jemand von sich behauptet, er sei links, dann schwingt da immer mehr mit als die politische Basis- und Kümmererarbeit in der Gemeinde. Dieses Metier ist eher die Spielwiese von Konservativen und Sozialdemokraten, ja selbst Grüne definieren sich als Grüne auch deswegen, weil sie in ihren Landkreisen über geplante Umgehungsstraßen und Schwimmbadsanierungen befinden. Das tun Linke auch, wie bereits gesagt – nur ist bei ihnen auch immer klar, dass diese kommunale Tätigkeit ein Hinwirken auf einen gesamten Prozess ist, auf einen Generalstabsplan, auf grundlegende Änderung der Verhältnisse, die in der Kommune nicht bewirkt werden können.

Salopp gesagt: Es geht um das System. Während die meisten Protagonisten in der Linkspartei nicht ganz unberechtigt mit dem Vorwurf ihrer extremen Artgenossen leben müssen, dass sie sich ja im Kapitalismus bewegten und ihn auch nicht radikal ablehnten und gar an seiner Beendigung arbeiteten, gehört die Abschaffung des kapitalistischen Wirtschaftssystems zum rhetorischen Grundrepertoire vieler Linksromantiker. Unter dieser Forderung machen sie es gar nicht, steigen sie gar nicht erst aus dem Bett. Da bleiben sie lieber gleich in den Federn. Besonders Hartgesottene unter ihnen lehnen daher jede politische Teilhabe innerhalb des politischen Betriebes ab. Denn wer wählt, tut das im Kapitalismus – und stärkt ihn.

Ganz so hat die Marxistische Hochschulgruppe an der Frankfurter Universität im September 2017 kurz vor der letzten Bundestagswahl argumentiert. Unter dem ziemlich schwerfälligen Label »Das Volk hat die Wahl, die Regierung die Macht: Wählen ist verkehrt!« legten sie den Studentinnen und Studenten nahe, sich gar nicht erst die Mühe zu machen, zur Urne zu schreiten. Denn egal wen man wählt: Es bleibt ja kapitalistisch und das Volk dürfe sich dann auch weiterhin nicht selbst regieren – was immer das nun wieder heißen mag. Nicht mal die Linkspartei sei demnach unterstützenswert, weil die ja nur »Druck von links« auf die Sozialdemokratie machen möchte. Und das, ihr wahren standhaften Linken im Lande, ist ja wohl viel zu wenig!

Man kann ziemlich sicher sein, wenn in dieser Welt etwas geschieht, was es zu einem schlechten Beitrag in den Nachrichtensendungen schafft, dann warten diese Vertreter linker Radikalität auf, um ihre Analyse einzureichen. Die ist aber weniger von Sachkenntnis des vorliegenden Falles erfüllt, kümmert sich auch nur eher randständig um die konkreten Fakten, sondern bricht alles herunter auf den Urgrund allen Übels: das System. Ja, das Schweinesystem gar. Ob nun Alkoholismus oder häusliche Gewalt: Dahinter kann nur der kapitalistische Wettbewerb stecken, der Menschen so sehr unter Druck setzt, dass sie sich solche Ventile suchen. Nun hat es aber das und allerlei andere niedere Affekte ja auch in dem Teil der Welt gegeben, in dem der Kapitalismus per Zentralkomitee abgeschafft war. Wir erklärt sich das eigentlich? Waren das kapitalistische Provokateure? Verdrosch der IM seine Ehefrau nur daher nach Dienstschluss, weil er damit ein kapitalistischen Bekenntnis ablegen wollte? Tatsache ist doch, dass Deutschland im Suff, in der Sucht und in der Gewalt schon lange vor 1989/90 vereint war. Weniger als Land oder Nation, aber eben auf Grundlage menschlicher Niederungen. Über die Räusche aus vorkapitalistischen Epochen der Menschheit hülle man hier und jetzt den Mantel des Schweigens: Das füllte ein weiteres Buch.

Alle Jahre wieder scheint sich aber die Perfidie des kapitalistischen Schweinesystems für den radikalen Linken an sich zu bestätigen. Nämlich dann, wenn zur kalten Winterszeit mal wieder über Obdachlosigkeit berichtet wird oder wenn sogar die Bundesregierung Zahlen präsentiert, wie sich Obdachlosigkeit im Lande entwickelt. Schlecht übrigens – sie wächst nämlich, was in den letzten Jahren allerdings auch mit den durch die europäische Freizügigkeit nach Deutschland kommenden Menschen aus Osteuropa zu tun hat. Die haben ja keinen Rechtsanspruch mehr auf Sozialleistungen und landen, sofern sie keinen familiären Andockplatz im Lande haben, auf der Straße. Im Regelfall erzeugen diese Berichte freilich antikapitalistische Empörung bei vielen radikalen Linken, weil sie in vereinfachender Art und Weise glauben, dass da nicht nur systematisch, sondern auch systemisch Wohnungslose als eben solche gefördert werden. Gäbe es mehr Wohnungen, würde man diese Leute fürsorglich an die Hand nehmen, dann müsste keiner auf der Straße leben.

Natürlich wird der soziale Wohnungsbau vernachlässigt. Das ist ja nun gar keine Frage. Ob der allerdings die Lösung des Problems ist, muss man schon bezweifeln. Jedenfalls beim Thema der Obdachlosigkeit. Spricht man mit Obdachlosen, so erzählen sie einem nämlich, dass sie schon Möglichkeiten haben, aus ihrem Dilemma so halbwegs zu entkommen. Es ist aber die Sucht, Alkoholismus und Drogenkonsum, die sie auf der Straße hält und für ein Leben in Strukturen unfähig macht. Denn bei der Debatte um das Obdachlosigkeit erzeugende Schweinesystem kommt ein Aspekt immer viel zu kurz: Obdachlos wird man nicht plötzlich, nicht einfach so, nicht ohne Vorwarnung, selten ohne Suchterkrankung und ebenso selten ohne psychische Vorbelastung.

Nun spricht man ja im Alltag recht selten mit Obdachlosen. Die Frankfurter Stadtevents bieten daher eine Stadtführung mit einem ehemaligen Obdachlosen an. »Straßenblick – Ex-Obdachlose erzählen ihre Geschichte«[3] nennt sich das Programm. Bislang gibt es nur einen Ehemaligen, der sich zu einem Einblick bereiterklärt hat. Es sollen aber eigentlich im Laufe der Zeit mehr werden. Doch für viele, die es geschafft haben, dem Leben auf der Straße zu entkommen, ist das keine attraktive Option. Sie möchten nicht daran erinnert werden, haben mit diesem dunklen Kapitel ihres Lebens abgeschlossen.

Bei der Führung erfährt man jedenfalls auch eine Menge darüber, wie man in Obdachlosigkeit gerät. Bei Thomas, dem Guide der Veranstaltung, war es der Alkohol, der sich zu einem massiven Problem in seinem Leben auswuchs. Seinetwegen verlor er Arbeit und Ehe, beging er seinen ersten Sozialbetrug und konnte schlussendlich kein strukturiertes Leben mehr führen. Thomas erzählt bei seinen Führungen durch das Frankfurter Bahnhofsviertel, seinem damaligen Revier, wie man sich warme Plätzchen sucht und wie man an Geld gerät, das dann im Regelfall für Rauschmittel ausgegeben wird. Sich Geld zu erbetteln, um sich die tägliche Ration zu sichern: Das war damals sein ganzer Antrieb. Hatte er genug Geld für zwei Flaschen Klaren vom Tengelmann zusammen, verzog er sich in eine stille Ecke.

16 Jahre ging das so – mit einigen kurzen Unterbrechungen und Knastaufenthalten.

Hatte er keine Chance rauszukommen aus diesem Teufelskreis? Doch, antwortet er auf diese Frage, oft und eigentlich täglich, wenn er gewollt hätte. Es gebe gar nicht wenige Angebote für Obdachlose, sich aus ihrer Misere zu befreien. Außerdem gäbe es ja Unterkünfte, die er aber ehrlich gesagt auch nicht frequentierte, denn die waren nicht sicher, dort beklaute man sich. Obdachlose haben keine Freunde.

Sozialarbeiter gab es jedenfalls im Laufe seiner Obdachlosigkeit immer mehr, man bemühte sich ja auch um ihn. Aber er funktionierte schlicht nicht mehr für ein strukturiertes Leben. Es war gar nicht vorstellbar, dass er eine Wohnung finanziell, geschweige denn hygienisch halten konnte. Er wollte nur trinken. Was anderes trieb ihn in diesen Jahren nicht an. Er notierte im Laufe seiner Straßenzeit, dass die Gesellschaft sich restlos von ihm abgewendet hatte, wenn er beispielsweise stinkend in der Tram hockte und sich keiner zu ihm setzte, weil der Gestank nicht auszuhalten war. In diesen Momenten wurde ihm schon bewusst, dass es nicht nur die Gesellschaft sein kann, die einen Schritt auf ihn zugehen muss – er musste es auch tun. Insofern fand er es rückblickend schon gut, dass da nicht jeder mit offenen Armen auf ihn zukam. Einen Anreiz braucht jeder – auch oder gerade auch Obdachlose. Zum Glück hat es bei Thomas offenbar klick gemacht. Seit bald zwölf Jahren lebt er jetzt in einer Wohnung. Er trinkt nicht mehr. Sein Leben ist wieder strukturiert, die Straße keine Option mehr.

Natürlich ist Obdachlosigkeit nicht, ganz plump formuliert, reines Eigenverschulden. Aber so zu tun, als ob man für diesen tiefsten Fall menschlicher Existenz ein etwaiges Schweinesystem verantwortlich machen kann, ist mal wieder viel zu anspruchslos in seiner Analyse. Es ist freilich ein kommoder Ansatz, der narrensichere Versuch, aus einem komplexen Phänomen eine systematische Generaldebatte zu destillieren. Details stören da nur. Mehrdimensionale Annäherungsversuche verstören. Der eindimensionale Mensch, er ist eben nicht nur, wie Marcuse einst meinte, das Produkt der konservativ-bürgerlichen Gesellschaft: Man findet ihn auch links.

Eindimensional sinniert man Lösungen für eine bessere Welt. Wohngruppen und Therapieplätze etwa. In rauen Mengen. Gäbe es mehr, wäre das Problem aus der Welt. Das alles klingt harmonisch, verbirgt aber den Zwangscharakter solcher Maßnahmen. Denn zur Therapie gehört immer auch jemand, der bereit ist, sich therapieren zu lassen. Daran mangelt es nicht zu selten, wie auch Thomas von sich erzählte. Zu seinen schlimmsten Zeiten wollte er von niemandem hören, dass eine Therapie doch ein guter Anfang sein könnte. Aber diese Verweigerung kann man dem Kapitalismus, als Ausbund des Bösen in der Welt, nun wirklich nicht in die Schuhe schieben. Ein bisschen Eigenverantwortung ist schon auch notwendig.

Das ist ein ganz mieses Wort: Eigenverantwortung. Die Reformer der Agenda 2010 haben es in die Debatte geworfen und damit die ganze Republik verrückt gemacht. Sie zogen das Wort heran, um zum Beispiel Arbeitslosigkeit zu einer persönlichen Fehlleistung umzufunktionieren. Nicht der Arbeitsmarkt und die Arbeitsmarktpolitik verursachten somit die Grundlagen für Arbeitslosigkeit, sondern der eigenverantwortliche Protagonist hat sich selbst in diese verfahrene Situation manövriert. Das ist ein tragischer Missbrauch des Wortes, denn im Grunde drückt es ja einen wichtigen Aspekt des menschlichen Lebens aus – gerade auch für Menschen mit linker Erdung.

Denn der Mensch als autonomes Wesen sollte ja als mündiges Individuum betrachtet werden. Und zwar in allen seinen Entscheidungen. Er soll eigenverantwortlich agieren. Arbeitslosigkeit ist freilich keine Entscheidung – es ist ein Schicksal. Obdachlosigkeit zwar auch – aber um aus ihr wieder rauszukommen, muss man eben bereit sein, gewisse Prämissen zu erfüllen. Entgiftung zum Beispiel, Psychotherapie unter Umständen, wieder einen Anschluss an die Grundlagen gesellschaftlicher Taktung finden. Da ist eben auch Eigenverantwortung gefragt.

Es ist schade, dass das unter vielen linken Linken ein Aspekt ist, der gar nicht mehr zur Debatte steht. Verantwortung haben immer alle anderen, explizit natürlich der Kapitalismus, dieses Scheißsystem. Er verursacht nämlich alle Schieflagen des menschlichen Miteinanders. Und jede falsche Lebensentscheidung schiebt man ihm in die Schuhe. Das ist zum wohlfeilen Usus unter Linken geworden.

Man darf aber natürlich nichts schönreden: Der Kapitalismus ist tatsächlich an vielen Ungerechtigkeiten und persönlichen Schicksalsschlägen schuld. Das kann man nicht bestreiten. Der moderne Flexibilitätskapitalismus, der uns alle zu Konsumenten und Arbeitstieren degradiert und uns als Staatsbürger missachtet, ohnehin. Aber nicht jede menschliche Verfehlung ist ein Systemfehler. Manchmal hat die Simplifizierung der Verhältnisse auch System – ein falsches nämlich. Da schlägt ein Vulgärmarxismus durch, den Bourdieu wie Foucault immer wieder unter französischen Linken aus genau diesen Gründen der überzogenen Vereinfachung kritisierten. Für sie war die Machtverteilung innerhalb des kapitalistischen Systems eben keine, die zentralisiert stattfindet, sondern, lax gesagt, eher föderal ausgestaltet. Wer also sagt, dass einzig der Kapitalismus für dies oder jenes die Verantwortung trage, geht zunächst mal den einfachsten aller Wege und kopiert damit auch das, was man Gottgefälligen gerne vorwirft, wenn sie die Verantwortung für etwaige Entscheidungen oder Schicksalsschläge der für Menschen undurchdringlichen Weisheit eines Gottes in die Jesuslatschen schieben wollen.

Strukturell neigt der Kapitalismus, besser gesagt, neigen seine ihm immanenten Dynamiken ja dazu, Menschen und Gesellschaften seinen Bedürfnissen unterzuordnen. Kapitalistische Logik ist kein Garant für Freiheit, auch wenn das die Wirtschaftsliberalen dann und wann genau so formulieren. Sie sitzen auf der Gewinnerseite, für sie fühlt es sich an wie Freiheit – für alle anderen ist es in vielen alltäglichen Momenten das glatte Gegenteil. Wir müssen an dieser Stelle auch gar nicht auflisten, was der Kapitalismus oder wahlweise die freie Marktwirtschaft – was ja nicht ganz dasselbe ist, oft aber als dasselbe gemeint wird – an Verwerfungen und Verbrechen angerichtet hat. An anderen publizierten Stellen geschieht das in trauriger Regelmäßigkeit, ganze Schwarzbücher lassen sich damit füllen. Und das stimmt ja auch alles – auch wenn mancher Leitartikler in Deutschland gerne so tut, als sei die Kapitalismuskritik nur so eine ideologisch-dogmatische Sache. Ist sie eben nicht. Wir haben es hier tatsächlich mit einem System zu tun, das eine perfide Dynamik in sich trägt. Der Wettbewerb um Profite zermalmt alles, was nicht pekuniär verwertbar ist. Das muss man doch abschaffen, oder etwa nicht?

Grundsätzlich kann man von einem humanistischen Standpunkt aus nur beipflichten. Natürlich, man sollte kaputtmachen, was einen kaputtmacht. Wobei dieser Ausspruch weniger humanistisch als anarchistisch geerdet ist. Ersatzloses Abschaffen ist allerdings immer so eine Sache. Ohne geht es ja nicht. Insbesondere wenn es um einen Ordnungsrahmen geht. Irgendwie muss sich das Treiben hienieden ja neu ordnen. Und da fangen die Probleme schon an, denn unter Linken gibt es so viele verschiedene Vorstellungen vom nächsten Wirtschaftssystem, das uns blühen soll, dass man manchmal glaubt, man könne sich dann einfach wie im Laden ein Modell aussuchen. Da ist von allerlei Kommunismen bis hin zu verschiedenen Varianten von Selbstversorgerutopien allerlei im Angebot.

Aber auch eine der ersten Varianten kann ja nach langer Abstinenz seit Anfang der Neunzigerjahre nicht überzeugen. Trotz allem geht es vielen Menschen im Kapitalismus besser, als es Menschen im real existierenden Sozialismus erging – ich betone extra nochmal: vielen Menschen, nicht allen. Ich wiederhole mich, weil ich mir nicht sagen lassen will, ich würde die Entwicklungen verklären. In dieselbe Falle sollte man auch nicht tappen, wenn wir von dunnemals reden, als Geheimdienstchefs noch alle Menschen liebten. Da war nämlich auch nicht alles gut. Andererseits gab es immer auch Theoretiker, die den real existierenden Sozialismus als staatskapitalistisches System entlarven wollten. Folglich ging es auch auf der anderen Seite des Eisernen Vorhangs um Herstellung und Absatz von Konsumgütern. So richtig kuschelig war es dort eben auch nicht, die Menschen mussten essen, sich anziehen und sich den Hintern abwischen. Natürlich gab es auch für diese Einschätzung eine Erklärung: Staatskapitalismus ist nur, wenn es sich um einen falschen Sozialismus oder um einen Pseudokommunismus handelt, wie es eine internationalistisch-leninistische Partei mal klarstellte[4].

Aber das wirft schon eine grundsätzliche, ja fast gesellschafts-evolutionäre Frage auf: Könnten wir als Menschheit heute nochmals ganz von vorne beginnen, würde die Gesellschaft anders als heute aussehen? Oder noch dreister: Würden wir im Gedächtnis an das kapitalistische Unrecht einen absoluten Neubeginn machen, wären ähnliche Strukturen gänzlich ausgeschlossen? Die kommunistische Welt hat einen solchen Versuch gewagt und landete für viele Theoretiker und Kritiker in einem Zustand, der dem Kapitalismus der freien Welt in vielen Aspekten ähnlich war. Sind also eventuell bestimmte »kapitalistische Attribute« unumgänglich? Dinge wie Besitz und Profitstreben etwa? Falls ja, und die moderne Kognitionswissenschaft wie die mittlerweile traditionelle Evolutionsforschung schließen das gar nicht aus, dann muss man wohl resigniert feststellen: Ein bisschen Kapitalismus ist immer. Auch wenn man ihn abschaffen würde, er lugt immer wieder hervor.

Schon in vorkapitalistischer Zeit gab es kapitalistische Inseln. Sie waren selten, aber immer wieder handelten Unternehmer so, wie man es von modernen Kapitalisten kennt: Sie investierten in ihren Betrieb und nutzten den Gewinn eben nicht nur, um ein süßes Leben zu führen und Orgien zu feiern, wie das gemeinhin im alten Rom der Fall war. Die Römer hatten zwar eine Marktwirtschaft – aber das kapitalistische Prinzip von Investitionen, Investitionskrediten und exponentiellem Wachstum gab es bei ihnen noch nicht. Man lag zu Tisch und erfreute sich der Genüsse, das Heer an Sklaven minderte den Fortschrittsdruck beträchtlich. Solange es günstige Arbeitskraft gab und der Tod von Arbeitnehmern nichts als Kollateralschäden ohne Entschädigungsanspruch war, musste man ja nichts investieren, um sich zu verbessern.

Muss man also folglich resignieren und den Kapitalismus als Ausdruck der menschlichen Natur hinnehmen? So einfach ist es nun auch wieder nicht. Der Kapitalismus war nicht zwangsläufig, wie Ulrike Herrmann[5] in ihrer Geschichte des Kapitalismus herausarbeitete. Es hätte auch anders kommen können. Und so spät, wie er entdeckt wurde, fragt man sich, ob der Mensch nicht ohne ihn hätte weitermachen können. Aber was Herrmann eben auch nicht vergisst zu erläutern: Wohlstand für eine breite Masse durch die Auslegung auf Wachstum, das hat eben genau dieser Kapitalismus geschaffen. Genau das gab es vorher nicht.

Es wäre, nebenbei gesagt auch viel zu plump, den Kapitalismus, wie er heute ist, einfach so hinzunehmen. Denn auch Mord scheint ja ein menschliches Phänomen zu sein, zumindest eines, das Primaten eigen ist, denn auch Schimpansen töten Artgenossen. Deswegen kann man ihn nicht als unabänderliche Eigenart, ja als Natur des Menschen tolerieren. Biologismus ist keine Lösung. Ganz ähnlich stellt es sich eben auch beim Kapitalismus dar. Der Mensch strebt wohl aus seiner Natur heraus nach Besitz und Mehrung seiner Habseligkeiten – was noch nicht kapitalistisch, wohl aber protokapitalistisch ist. Der Philosoph Helmuth Plessner hat das erste seiner drei anthropologischen Gesetze als »natürliche Künstlichkeit« bezeichnet, was etwa das meint: Der Mensch ist als nacktes Wesen in die Welt geworfen und benötigt Hilfsmittel – seien das nun Werkzeuge oder Kleider. Sie sind gewissermaßen nicht irgendwelcher Tand, sie sind Teil seiner Existenz und insofern gehören sie zu ihm. Besitz ist deshalb nicht einfach nur ein bürgerliches Konzept, sondern begründet sich aus den Prämissen des menschlichen Daseins grundsätzlich.

Die Mehrung und Etablierung seines Besitzes, seiner Hilfsmittel, alles das ist nun eben nicht bürgerlicher Überbau, wie man das in der linken Kapitalismuskritik zuweilen hört, sondern hat einen natürlichen Metabezug. Was übrigens wiederum nicht heißen soll, dass es keine diesbezügliche Ideologie des Bürgertums gibt, die diese Natürlichkeit mit einem quasireligiösen Katechismus ausstaffiert hat. Der Fetisch um die Arbeit ist etwa so eine Angelegenheit. Der enthebt natürliches Besitzstreben der Natürlichkeit und überträgt sie symbolisch dem Fleißigen und Rechtschaffenen, als sei Besitz gewissermaßen nur das Grundrecht derer, die für seinen Erwerb arbeiten.

Kurz und gut kann man aber festhalten, dass man zwar den Kapitalismus aus Gründen der Abgrenzung zum politischen Kontrahenten im politischen Meinungsstreit durchaus der Abschaffung überschreiben kann. Aber praktikabel und umsetzbar dürfte das nicht sein. Warum also damit aufhalten, wieso Energie auf etwas verschwenden, dass keine Aussicht auf Realisierbarkeit hat? Man darf ja auch nicht vergessen, dass die kapitalistische Produktionsweise auch innovativ war und noch immer ist.

Die Linke sollte viel entkrampfter mit dem Kapitalismus umgehen, etwa so, wie Gregor Gysi sich 1994 zitieren ließ: »Die Mechanismen der Marktwirtschaft lehnen wir keineswegs ab, wohl aber die radikale Durchsetzung. Es gibt fünf Bereiche, die sich marktwirtschaftlich gar nicht sozial gerecht und ökologisch organisieren lassen: Kunst und Kultur, Bildung, Gesundheitswesen, Wohnen und Nahverkehr.«[6] Vielleicht war seinerzeit die Energiefrage noch nicht akut genug, vielleicht hat Gysi aber auch ganz schlicht und einfach den Energiesektor bloß vergessen. Denn auch der passt noch in die Riege von Bereichen, die nicht grundsätzlich dereguliert marktwirtschaftlich betrieben werden sollten.

Die kapitalistische Marktwirtschaft regelt aber durchaus viele Bereiche besser, als es eine Planwirtschaft je könnte. Ein neuer Sozialismus muss sich das auf die Fahne schreiben. Oder anders gesagt: Ein neuer Kapitalismus, der reguliert und eingeschränkt wird, sollte sich das auf die Fahne schreiben.

Geht nicht? Man kann das Ungetüm nicht an die Kette legen? Es ist besonders dieser Einwand von Linken, der mich stutzig macht. Das Linke war immer eine optimistische politische Weltanschauung. Links zu sein hieß zuversichtlich und progressiv zu sein, man glaubte daran, dass kein höh'res Wesen aus dem Elend erlösen würde, dass man das schon selber tun müsse, wie es ungefähr so in der Internationalen angestimmt wird. Aber ausgerechnet der Kapitalismus, ein System von Menschenhand, soll nicht durch ebendiese Menschenhand in den Griff bekommen werden können? Wo ist denn bitte die linke Zuversicht nur hin?

Nein, das heißt nun ganz sicher nicht, dass sich die Linken mit dem Kapitalismus, wie er ist, arrangieren sollten. Sie müssen ihn kritisch in die Mangel nehmen, ihre Forderungen einbringen, Regulierungen namhaft machen. Aber ihren Kampf gegen die Grundsätzlichkeit, die im kapitalistischen System steckt, den können sie abflauen lassen. Dann könnten sie sich, um zum Ausgangspunkt zurückzukehren, vielleicht auch etwas entspannter in die Kommunalpolitik werfen, ohne gleich das große Ganze mitverändern zu wollen. Und über die Kommune ins Land und in den Bund mit dem Ruf als engagierte Kümmerer mit Boden-haftung vordringen. Das wäre ein Ansatz für einen realpoliti-schen Linksschwenk, der seine Ursprünge nicht verrät.

Hartz IV abschaffen?

Kaum ein Thema hat deutsche Linke in der letzten Dekade so sehr beschäftigt wie jener Komplex, der sich in der Öffentlichkeit als *Hartz IV* etabliert hat. Gemeint ist damit jenes Fördern und Fordern von Langzeitarbeitslosen, das aber bei genauerem Hin-sehen nichts anderes ist als eine möglichst kostengünstige Ar-beitslosenverwahrung. Das gesamte Menschenbild, das sich in diesem Konzept widerspiegelt, ist ein antihumanistischer Offen-barungseid. So wie in der Einleitung zu diesem Kapitel der Opti-mismus vieler Linker im Bezug auf das Gute im Menschen als eine einseitige Schwäche angesprochen wurde, so muss man an dieser Stelle auch den Machern von Hartz IV – Grüße nach Belle-vue, wo einer der politischen Förderer dieses Machwerks resi-diert! – in aller Deutlichkeit vorhalten, dass sie sich hier gewaltig irren. Sie vertreten eine gänzlich gegenteilige Sicht auf den Men-schen, bleiben aber in derselben Eindimensionalität verhaftet wie viele Linke andersherum. Für die Befürworter der Hartz-Re-formen ist der Mensch nicht mehr als ein Objekt, das nur durch ständige Überwachung und Bestrafung mittels dauerhaftem Druck und Verfolgsbetreuung auf Linie gehalten werden kann. Fallen diese Repressionsmittel weg, so glauben sie, frönt der ar-beitslose Mensch nur seinen niederen Instinkten, wird zur faulen Couchkartoffel, zum aufsässigen Taugenichts und lässt sich an-triebslos und in aller Bequemlichkeit aushalten und köpft zur Feier all der schönen freien Tage, die er vor sich liegen hat, ein Fläschchen Bier oder auch einige mehr.

Diese Einstellung ist so eindimensional wie ihr Gegenteil. Menschen stabilisieren sich nicht in Strukturen, in die sie gedrückt und unter Kontrolle gehalten werden – in so einem Ablauf erkranken sie. Sie verlieren zwar durchaus ihren Antrieb, nicht aber, weil sie etwa merkten, wie schön ein Leben ohne Arbeit auf dem heimischen Sofa inmitten Kissen, versorgt mit RTL und Boulevardblättchen, ist, sondern weil sie resignieren und spüren, dass sie zu Parias herabfallen. Längst belegen Studien, dass es genau diese per Sozialgesetzbuch geschaffenen Realitäten sind, die Menschen in Arbeitslosigkeit von der Wahlurne fernhalten. Sie haben es aufgegeben, noch an Veränderungen zu glauben und wenn sie es dann doch mal tun, wählen sie falsche Alternativen wie im letzten September zur Bundestagswahl. Wer mal Jahre in Abhängigkeit vom Jobcenter gelebt hat, schier täglich in der Presse las, dass er trotz Arbeitsanreize seinen Arsch nicht hochkriegt, von Bekannten sukzessive gemieden wurde, der verliert natürlich seinen letzten Hoffnungsschimmer. Schlechterdings kommt es zu Verbitterung und wie gesagt zu Parteien, die nach dem Sündenbockprinzip Wahlkampf machen. Auch ein Grund, warum ausgerechnet Arbeitslose zur prozentual größten Wählergruppe jener AfD gehören, die eigentlich überhaupt keine Verbesserung für das Leben von Arbeitslosen vorsieht oder auch nur rhetorisch befürwortet.

Die Verfolgungsbetreuung, die Jobcenter in allen Ecken des Landes ihren Kunden – wie sie im Jargon dieser Behörde, die sich voll und ganz als Dienstleister versteht, heißen –, angedeihen lassen, hat eben nicht zu mehr Menschen in Arbeit geführt, hat keine Klienten hinterlassen, die sich bestens aufgehoben fühlen, sondern individuell wie gesellschaftlich traurige Transformationen hervorgebracht. Die Verfolgten sind mehrheitlich ein Fall für eine Psychotherapie, müssen mit ausgewachsenen Sozialphobien fertigwerden – und die Gesellschaft muss indes einen politischen Rechtsruck bewältigen, der genau zu einer Stunde kommt, wo man ihn wirklich am wenigsten brauchen kann.

Da liegt es doch nahe, dass man Hartz IV unter Linken abschaffen will. Was sollte da auch dagegen sprechen? Hartz IV ist Kapitalismus. Es macht kaputt und sollte daher kaputtgemacht werden. Wenn man die Ungerechtigkeiten per Verwaltungsakt ein bisschen näher kennt, dann aktiviert das unmittelbar das linke Herz und man ruft aus: Das ist ungerecht! Ohne Umschweife muss man festhalten, dass man es gar nicht anders sagen kann. Hier werden Menschen verheizt und abgespeist, ja um ihre Lebensleistung gebracht – und nebenher noch mit einem schlechten Gewissen ausgestattet. Langzeitarbeitslose sind Opfer, die im gesellschaftlichen Konsens zu Tätern gemacht werden. Alles andere als Abschaffung wäre da ganz sicher nicht statthaft.

Doch auch hier wie beim Kapitalismus generell gilt: Wenn man abschafft, muss man sich die Frage gefallen lassen, wie man Ersatz organisieren will. Wenn man Hartz IV abschafft, so hat man deswegen noch lange nicht den Grund für ein solches Sozialprogramm abgeschafft: die Arbeitslosigkeit nämlich. Man hat es deswegen immer noch mit einer Reservearmee zu tun, die durch eigene Arbeit kein Einkommen erzielt. Auch da müsste man also mit einer Lohnersatzleistung auffahren, die nicht bedingungslos sein kann, so wie es sich die Jünger des Grundeinkommens oft in schönster Romantik denken. Zunächst müsste man ja mal beweisen, dass man bedürftig ist. Das gebietet die Gerechtigkeit – sonst stecken sich am Ende Rechtsanwälte und Schönheitschirurgen die Sozialhilfe als Urlaubsgeld ein.

Auch hier verstrickt sich die Linke in ein Gefecht, das so nicht stattfinden müsste. Hartz IV ist nun mal schon in der Welt. Man muss heranziehen, was man vorfindet und es dann so verändern, dass man damit leben kann. Wieso immer abschaffen und neu anschaffen? Das kostet Zeit, Energie, Geld – und zeitigt am

Ende viel mehr Aufwand als das, was man Reform nennt. Reformieren ist doch kein ganz so schlechter Plan.

Hartz IV abzuschaffen mag ja als Parole gut klingen. Als Maßnahme ist es nicht ratsam. Sprechen wir auf linker Seite doch lieber davon, die Sanktionspraxis aufzuheben oder zumindest deutlich zu überarbeiten. Wie man einen Regelsatz, der sich als Existenzminimum begreift, doch noch verstümmeln darf, ist zum Beispiel ein recht schleierhafter Vorgang. Das kann aus linker Perspektive nicht sein. Man kann auch über die Höhe sprechen, wobei man auch da das Lohnabstandsgebot aus einer praktischen Überlegung heraus wahren muss. Dieses darf aber auf keinen Fall durch die Senkung der Lohnersatzleistung hergestellt werden, sondern mittels Anhebung des Mindestlohns.

Ein weiterer Punkt wäre es, die Praxis der Behörden neu zu justieren. Man braucht ja auch unter linker Neuausrichtung einen Apparat, der diese Transferleistung regelt. So muss ein linker Anspruch an ein reformiertes Hartz IV sein, dass man die Eigenbrötlerei der kommunalen Träger standardisiert und die Touren von sogenannten Optionskommunen strikt an einen gemeinsamen und verbindlichen Bundesstandard knüpft. Es ist ein Witz sondergleichen, dass seit vielen Jahren Debatten über die Lähmungserscheinungen des deutschen Föderalismus geführt werden, zeitgleich aber eine Arbeitslosenverwaltung ins Leben gerufen wurde, die nach föderalen Prinzipien funktioniert und Verwaltungschefs örtlicher Jobcenter wie kleine Duodezfürsten schalten und walten lässt.

Zur reformierten Standardisierung gehört dann aber auch, dass man etwaige Kontrollzwänge und Repressionsmaßnahmen tunlichst unterbindet und sie nicht, wie heute üblich, so lange am Laufen lässt, bis ein Sozialgericht die Praxis verurteilt. Man kann aus menschlichen Gründen nicht weiter mit Druck arbeiten – und auch aus ökonomischen nicht. Denn die Folgekosten einer solchen menschenunwürdigen Behandlung schlagen sich im Gesundheitswesen nieder. Und später auch auf dem Arbeitsmarkt, wenn dann Betroffene wirklich nachhaltig arbeitsunfähig werden, weil sie psychologische Erkrankungen und deren physische Folgeerscheinungen entwickeln.

Man muss natürlich auch festhalten: Ganz ohne bestimmte Kontrollen wird natürlich keine Lohnersatzleistung arbeiten können. Der Mensch ist eben nicht das gute Wesen, wenn man ihn mal aus dem Schraubstock des Jobcenters geholt hat – er ist aber auch nicht ein durch und durch verrottender Zeitgenosse, sofern er keinen Job hat: In der Mitte liegt die Wahrheit. Es wäre insofern sicher fahrlässig, nach einer Reformierung von Hartz IV in ein Eiapopaia überzugehen. Linker Anspruch an ein solches Modell der sozialen Teilhabe ist eben auch, die Ressourcen zu verwalten: aber nicht auf Kosten derer, die berechtigt Leistungen beziehen, sondern nur insofern, dass man Ansprüche prüft und Einkommensverhältnisse checkt.

Wie auch immer: Es braucht keine Revolution im Sozialwesen ganz nach dem Muster, Hartz IV auf den Müllhaufen der Geschichte zu bugsieren. Reform reicht auch hier schon aus. Mehr Mut zu Reform: Das wäre eine gute und weise Parole für eine zeitgemäße Linke.

NATO und EU abschaffen?

Als Bodo Ramelow, der erste linke Ministerpräsident in der Geschichte der Bundesrepublik, im Juli 2016[7] ein bisschen für ein rot-rot-grünes Bündnis im Bund warb und der Presse in den Notizblock diktierte, dass die Linken seiner Partei trotz Koalition »ja keine begeisterten NATO-Anhänger werden« müssten, schäumte es in der linken Bubble. Denn genau das sei bekanntlich die Krux an diesem verfluchten realpolitischen Kurs: Man mache Zugeständnisse und somit jeder linken Konzeption den Garaus, ereiferten sich ganz viele Linke. Und weiter: Man würde beliebig, wenn man so argumentiere, weiche linke Positionen auf. Ausgerechnet die NATO, jenes militärische Bündnis, das an russischen Grenzen zündle und überhaupt eine dominante eurozentristische beziehungsweise atlantizistische Weltsicht mit Waffen verfestige, solle man jetzt als Linker auch noch tolerieren. Wo höre der Opportunismus denn bitte schön mal auf? Man klinge ja fast schon wie die Bundeskanzlerin herself.

Mit ein bisschen weniger Radikalität lehnt man unter Linken außerdem die Europäische Union ab. Man warf ihr ganz zu Recht über Jahre vor, dass sie bloß als eine reine Wirtschafts- und Währungsunion umgesetzt sei, ein Europa der Konzerne letztlich, in dem die Freiheiten für die Bürgerinnen und Bürger immer erst an zweiter Stelle kämen. Außerdem sei der ganze Apparat eine Maschinerie der Geldverbrennung, Brüssel nichts weiter als ein teurer Abstellplatz für ausrangierte Politiker, die noch einige Groschen mitnehmen wollen, bevor sie genug beisammen haben, um sich in die überparteiliche Altersweisheit verabschieden zu können. Besonders bei diesen populistischen Einschätzungen glich man dann oftmals leider jenen, die man ansonsten eher ablehnt: den Neuen Rechten. Was übrigens nicht heißt, dass alles, was von den Rechten kritisiert wird, grundsätzlich als falsch abzulehnen ist. Mit manchem liegen sie ja auch richtig. Sie lehnen aber vieles von dem, was auch Linke kritisieren, aus den falschen Motiven heraus ab.

Für die Rechten war die herrschende Wirtschaftsunion an sich ja schon ein Schritt zu weit, weil die angeblich ein Kontrollverlust des Nationalstaates bedeute – die ökonomische Hegemonialstellung Deutschlands wird bei solchen rechten Betrachtungen gerne mal ausgeblendet. Als die Bundeskanzlerin beizeiten klarstellte, dass die EU niemals eine Sozialunion werden könne, beruhigte sie genau diese Leute von rechts. Dieses Festhalten am

Status quo allerdings, das gefiel den Linken vom Bauchgefühl her jedoch ganz und gar nicht, denn darin spiegele sich die wahre Absicht dieser Europäischen Union wider. Und das sei mehr als nur fatal.

Leider hört man aus dem linken Lager aber eher selten Stimmen, die eine linke Perspektive für Europa wachrütteln: nämlich ein klares Bekenntnis zu einem Kontinent, der sich als Fiskal-, Wirtschafts- und Sozialunion reformiert. An dieser Stelle hat der rechte mit dem linken EU-Kritiker nichts mehr gemein. Einen solchen Kontinent kann sich Ersterer schlicht nicht vorstellen.

Als dann einige zentrale Probleme auf Europa zukamen, war es unter anderem genau jene fehlende Bereitschaft, den Kontinent auch als Sozialbündnis zu sehen, die das europäische Projekt in arge Bedrängnis brachte – vermutlich sogar an den Rand der Existenznot. Wie genau man die Entwicklungen der Gegenwart zu lesen hat, das wird erst die Zukunft weisen. Aber vieles spricht dafür, dass Europa auch daran zerbrechen wird, weil keinerlei linke Ideale im europäischen Haus etabliert wurden. Wenn es so kommt, muss es sich auch die europäische Linke von den Chronisten gefallen lassen, als gescheitertes Movement in den Geschichtsbüchern genannt zu werden.

Es gibt bei NATO und EU natürlich völlig berechtigte linke Kritikansätze an den Bündnisstrategien und -auslegungen. Man hat ja auch beide Bündnisse über viele Jahre hinweg kritisch und ablehnend begleitet. Zur EU gibt es aber tatsächlich als Alternative nur ein Europa der Nationalwettbewerber oder ein selektives Bündniseuropa exklusiver Erfolgsstaaten: Beides ist kein linkes Ideal, sondern leider exakt das, was man für die Folgegenerationen ausschließen wollte. Woher die unter radikalen Linken grundsätzliche Ablehnung der Union kommt, kann man aufgrund der falschen Führung dieses Projektes zwar nachvollziehen, darf man aber unter keinen Umständen als sinnvollen Debattenbeitrag verstehen.

Natürlich konnte man auf linker Seite seine klammheimliche Freude darüber nicht verbergen, dass es der EU mit der Finanz- und später mit der Flüchtlingskrise an die Substanz ging. Endlich war bestätigt, was linke Kritiker über viele Jahre immer schon wiederholten: Diese Union ist eine rein wirtschaftspolitische Zweckgemeinschaft, in dem sich die Politik selbst entmachtet – und nicht etwa ein beseeltes Projekt zur Verbesserung der Lebenssituation aller Europäer. Letzteres stimmt so freilich nicht ganz, kann nur als komprimierte Kritik begriffen werden. Es war ja nicht alles immer schlecht, manches hat das Leben schon erleichtert und grenzenlos simpler werden lassen. Der Neoliberalismus wurde allerdings so ganz nebenbei von der Europäischen Union fest in den Alltag aller Europäer installiert. Wenn man diesen Wirtschaftsentwurf nun völlig berechtigt als emanzipativen Irrweg unter Inkaufnahme einer Verschlechterung der Chancen für alle Menschen in den unteren drei (von fünf) Einkommenssegmenten begreift, dann kann man schon verstehen, warum man an der herrschenden EU kein gutes Haar belassen will.

Ja, endlich wurde in den letzten Jahren nun das ganze Ausmaß an europäischer Fehleranfälligkeit offenbar, Europa bröckelt und selbst jetzt mangelt es der europäischen Linken an einer Gestaltungsvorstellung, an einer konstruktiven Auseinandersetzung mit der ganzen Konkursmasse dieser systemischen Kontinentalkrise. Was man ablehnt, sagt man zwar häufig. Was man allerdings möchte, sich erhofft, wie es strukturell besser werden soll: Das kommt zu kurz. Man sollte statt der Anamnese auch mal Therapien notieren.

Die Linken aus der Linkspartei tun sich da ja schon schwer und bleiben hier recht defensiv; die Linken außerhalb der Partei aber, die die Partei sogar skeptisch betrachten, unsere fundamentalistischen Freunde, die versuchen erst gar nicht etwas zu dieser Debatte beizutragen. Sie besprechen dieses Thema so gut wie gar nicht. Es ist dort fast so, als gäbe es eine kontinentale Krise gar nicht. Falls sie es doch mal tun, kommt höchstens eine Generaldebatte dabei rum oder die Einsicht, dass der Mensch halt endlich umdenken müsse – ein bisschen esoterisches Geseier, ein sonores *Ooomm* für die linksmentale Selbstbefriedigung, ganz im Sinne dieses Wortes.

Natürlich ruft man sehr wohl in diesem Milieu zu Solidaritätsbekundungen auf, dann trifft man sich und skandiert Parolen, leistet seinen Teil zur Solidaritätsökonomie, lässt es aber damit auf sich beruhen. Konstruktive Vorschläge, wie die Linke Europa gestalten könnte: Fehlanzeige! Man wickelt sich in seine linke Befindlichkeit ein, ganz speziell in dieser Haltung aus politischer Entpolitisierung – wie weiter oben schon dargelegt wurde.

Bei der NATO stellt sich die Sache natürlich ein wenig anders dar. Sie wäre sicherlich entbehrlich, ist ein historisches Überbleibsel ohne Gegenspieler – jedenfalls aus linker Perspektive mit Blick auf die globale Entwicklung stellt sich das so dar. Denn Globalisierung, wie sie Linken vorschwebt, versteht sich als Zusammenarbeit und Ausgleich und nicht so, wie sie erfolgt: als Standardisierungszwang und Ausbeutung.

Viele linke Linke gehen mit der Globalisierung genau so um, wie es Rechte zuweilen tun: Sie lehnen sie ohne viel Federlesens ab. Sie hat Verwerfungen erzeugt und die Welt unübersichtlich gemacht. Wie einfach wäre es doch da, wenn es sie nicht mehr gäbe! Als ob wir in der heutigen Hochfrequenzwelt überhaupt ein Wahl hätten, uns des Zusammenrückens zu erwehren. Im digitalen Zeitalter ist die Verengung der Welt quasi ein Naturgesetz. Wie man das globale Dorf allerdings momentan organisiert, welche Weltordnung man diesem Planeten aufstöpselt, das bedarf eines linken Gegenkonzepts. Eine große Vision fehlt allerdings auch hier.

Eigentlich tragisch, dass unter Linken bei diesem Thema fast dieselbe isolationistische Verdrossenheit waltet wie unter Nationalisten. Wenigstens lehnen die Linken aber dann zusätzlich noch die NATO ab. So sehr, dass mancher Radikale unter ihnen der Linkspartei gleich noch ans Herz legt, eine Regierungsbeteiligung in Deutschland nur dann in Erwägung zu ziehen, wenn sie sich hartnäckig und entschlossen für einen Austritt der Bundesrepublik aus diesem Bündnis starkmacht.

Diese Forderung ist natürlich ein perfider Angriff auf die Koalitionsfähigkeit der Partei der Linken, die von radikalen Linken ohnehin ob ihrer vermeintlichen Kapitalismusimmanenz abgelehnt wird. So versucht man sie kaltzustellen. Wer solche Leute unter seinen potenziellen Trotzdem-Wählern hat, der braucht keine Nichtwähler mehr.

Die Partei der Linken ist sicherlich nicht pro NATO – aber wie wichtig ist in Anbetracht dramatischer sozialer Verwerfungen ein schneller und prinzipieller Austritt? Ist es nicht geradezu fahrlässig, wenn man ein solches Thema priorisiert und darunter die Langzeitarbeitslosen und das Prekariat, ja das Phänomen der Prekarität ganz allgemein als solches – um mit Bourdieu zu sprechen[8] – wegdämmern lässt und dem relativen Elend anheimstellt?

Ramelows zitierter Vorschlag, mit dem dieses Unterkapitel eröffnet wurde, zielte auf gesunden Pragmatismus ab: etwas, das der Linken zwar relativ oft (aber nicht immer), der radikalen Linken aber grundsätzlich abgeht. Man könnte den Vorschlag aber auch noch so bewerten: Wäre die Linke Teil einer Regierung, so hätte sie ein gewisses Maß an Einfluss auch innerhalb des Kurses der NATO – und der EU ebenfalls. Das große Problem der Linken war in den letzten Jahren, als man die Opposition zur Lebensaufgabe des Linken gemeinhin erklärte, dass man immer schön laut artikulierte, wo man raus will – aber viel zu selten erklärte, wo man rein möchte.

Den schlechten Menschen abschaffen?

Eigentlich ist für viele Linke, egal ob aus der Mitte oder aus dem radikalen Flügel, eine Sache eindeutig: Der Mensch ist gut und nur die Leute sind schlecht. Nun gut, dieser Ausspruch stammt ja ursprünglich vom österreichischen Schauspieler Helmut Qualtinger, der jetzt nicht unbedingt ein ausgewiesener Linker war – wenn man ihn auch nicht des Gegenteils bezichtigen konnte. Aber die Sentenz unterstreicht ganz gut, wie man links das Menschenbild skizziert: Erstens, der Mensch ist im Kern ein gutes Wesen. Und zweitens, die Gesellschaft macht die Addition all dieser einzelnen Gutmenschen – Achtung: Unwort-Gefahr! – zu einer Hölle, um es gewissermaßen mit Sartre zu sagen. Vom Bauchgefühl her könnte man dem beipflichten. Aber es ist viel zu romantisiert. Der Ausspruch soll als großartiges Bonmot bitte erhalten bleiben – aber er ist eben keine Leitlinie für eine politische Betrachtungsweise.

Wollte man eine Geschichte der Linken schreiben, müsste man mit der französischen Nationalversammlung beginnen, in der die politischen Richtungsbegriffe aufkamen. Links vom Parlamentspräsidenten saßen die Progressiven, auf der Gegenseite die Bewahrer und Rückwärtsschauer. So blieb die Richtungsangabe als Begrifflichkeit für die nachfolgenden Generationen im politischen Diskurs bestehen. Man müsste eine solche Geschichte aber etwas früher ansetzen, nämlich dort, wo überhaupt erst das Fundament gelegt wurde, die französische Monarchie wegzuwischen. Bei der Aufklärung und zwangsläufig am Schreibtisch von Jean-Jacques Rousseau.

Dieser Philosoph hatte vermutlich den nachhaltigsten Einfluss auf die Revolution und auf die jungen Linken. Seine Staatstheorie ebenso wie seine anthropologischen Anklänge beeinflussten die Vorstellungswelt vieler Progressiver im neuen königs- und allzu oft kopflosen Frankreich und darüber hinaus.

Besonders seine Theorie vom edlen Wilden, die er auch durch die Berichte aus der schon damals mittlerweile nicht mehr ganz so neuen Welt in Übersee bestätigt glaubte, nahm man links ins geistige Rüstzeug auf. Erst die Zivilisation, wusste man sodann mit Rousseau, mache aus der in ihren Anlagen guten menschlichen Kreatur jenes Unwesen, was der Mensch dann tatsächlich wird. Sie legt einen schlechten, ungehobelten, teils mörderischen Gesellen frei. Es ist also kein individuelles Verschulden, dessen Menschen sich schuldig machen, sondern ein gesellschaftliches Phänomen. Ohne den Gesellschaftsvertrag entfesselte der Mensch gar keine niederträchtigen Affekte, nur im Naturzustand sei er deshalb wirklich er selbst. Alles andere führt zu Entfremdung durch Entfesselung schlechter Attribute.

Die Kirche argumentierte seinerzeit gegen Rousseau. Nicht aus Fortschrittlichkeit oder weil sie es besser wusste: Sie behauptete schlicht, der Mensch lebe immer in Erbsünde, egal ob Wilder oder Zivilisierter. Auch dieser Widerstreit zwischen dem Philosophen und den Klerikern hat wohl dazu geführt, dass man unter progressiven Zeitgenossen für den weltlichen Denker Partei ergriff. Mit ihm war man im Antiklerikalismus vereint, seine Thesen lagen einem in diesem Milieu näher. Dumm nur, dass die christliche Argumentation bei aller Einseitigkeit dann doch ein bisschen realitätsnäher war als das, was man sich auf progressiver Seite von Herzen als Wahrheit wünschte. Jedenfalls dann, wenn man Erbsünde mit Unvollkommenheit gleichsetzt.

Natürlich kann man heute nachvollziehen, welche Sehnsucht jemanden antreibt, wenn er Naturvölker zu einem leuchtenden Vorbild erklärt. Eigentlich ist das auch ein alter Kniff. Schon Tacitus hat den Römern die edlen Wilden aus Germanien vorgehalten, um seinen Landsleuten vor Augen zu führen, wie dekadent sie es treiben. Denn der germanische Recke wusste halt einfach noch, worauf es im Leben wirklich ankam. Rousseaus edler Wilder wusste es auch. Da ihm der Tand der modernen Welt fremd war, konnte er sich eine Reinheit und ethische Sauberkeit konservieren, die jedem modernen Menschen zwangsläufig abhandenkommen musste. Dass man sich nach einer solchen Aufrichtigkeit sehnt, dass man glaubt, das Leben im Hier und Jetzt könne nicht alles sein: Das sind menschliche Zweifel, die jeder nachvollziehen kann – und die jeder früher oder später, jeder mehr oder weniger hegt. Wissenschaft ist eine solche Überhöhung anderer Lebensrealitäten dann allerdings nicht.

Mag sich vielleicht auch die These vom edlen Wilden bis heute nur rudimentär erhalten haben, schließlich wissen wir heute auch, dass es Naturvölker waren, die auch Raubbau an Mensch und Natur vollbrachten. Man denke nur an die Azteken und ihre Menschenopfer oder an die Rapanui und deren ökologischen Raubbau auf den Osterinseln. Dass es aber eine im Menschen urtümlich verankerte moralische Reinheit gibt, egal ob der nun aus dem Wilden oder aus dem Zivilisierten stammt, die man nur aktivieren müsste, das hat sich als Vorstellung in vielen Köpfen, gerade auch unter Linken, einen ewigen Platz gesichert. Der Mensch sei nämlich gar nicht schlecht, sagen sie – nur werfen sie nicht der modernen Zivilisation oder dem Gesellschaftsvertrag vor, diese Grundlage zu übertünchen und zu ersticken. Sie haben einen anderen Hegemon in petto: den Kapitalismus. Er sei als eine systemische Unterdrückung des Guten am Werk. Nur weil jeder mit Ellenbogen im Einsatz sei, Profit erwirtschaften müsse, Wachstum generiert werden soll, alle in einem Markt voller Wettbewerber stehen, könne das eigentlich Gute nicht mehr abgerufen werden. Ohne dieses systemische Abwürgen würde uns allerdings eine viel friedfertigere und erfüllendere Welt offenstehen.

Dieser Ansatz ist tatsächlich eine wesentliche Grundlage linker Weltanschauung. Radikale Linke haben sich diese Vorstellung besonders bewahrt. Sie glauben daher durchaus, dass ein schlanker Staat, weniger Polizei, weniger Kontrollen funktionieren könnten. Da sind sie ganz bei den Neoliberalen, die diese Schlankheit nicht aus Überzeugung, sondern eher aus dem Spareifer heraus begründen. Wenn man sich nämlich einredet, dass der Mensch in seinem Kern ein gutes Wesen trägt, dann bildet man sich auch schnell ein, dass dieses Wesen auch heraufbeschworen werden kann. Man müsse gewissermaßen nur an die Menschen glauben, da klappe das schon irgendwie. Laissez faire lässt grüßen.

Ob sich Millionengesellschaften, die ja immer einer gewissen bis hin zur strikten Organisation bedürfen, so ganz naiv auf den guten Willen gründen sollten, kann man mit der Erfahrung der Menschheit, also mit einem Blick in die Chroniken unserer Gattungshistorie, durchaus leicht beantworten: Nee, lieber nicht!

Wer es genauer begründen will: Über Risiken und Nebenwirkungen sollten Sie dringend Ihren Anthropologen aufsuchen. Der wird dem Neugierigen erklären, dass der Mensch zwar natürlich ein soziales Wesen ist, dass er in seiner langen Geschichte immer Strategien benutzt hat, sich mit seinesgleichen zu verbünden, um überleben zu können – womit er nebenher jedem Sozialdarwinisten eine Abfuhr erteilt. Diese Kooperationsbereitschaft hat übrigens auch mit des Menschen natürlicher Nacktheit zu tun, damit, dass ihm scharfe Zähne oder Klauen fehlen, dass Werkzeuge benötigt und daher Verbündete im Geiste und durch Geistesleistungen benötigt werden. Aber ein natürlicher Altruist ist er deswegen noch lange nicht. Sein eigener Vorteil ist sein Antrieb. Insofern ist der Mensch ein Ausbund an Menschlichkeit wie an Unmenschlichkeit – wobei man natürlich besonders am zweiten Wort merkt, welchen eigenen Anspruch der Mensch an sich stellt: Das Schlechte entmenschlicht er, macht es zur Angelegenheit eines Unmenschen, einen Nicht-Menschen. So ein Anspruch ist insofern gut, weil er uns Regeln auferlegt, zum Beispiel den Mord verurteilt und einen

Mörder nicht einfach damit entschuldigt, dass der halt auch irgendwie menschlich gehandelt habe, weil das Töten nun mal im Menschen stecke. Solches Schlechte zu entmenschlichen und damit strafbar zu machen ist eine Zivilisationsleistung, die man nicht hoch genug einschätzen kann.

So zu tun, als sei das Böse eine aberziehbare Entität, verursacht nur durch systemische Strukturen, das ist hingegen keine Zivilisationsleistung, sondern eine allzu simple Vereinfachung des Phänomens Mensch. Linke Überlegungen sollten sich nicht dieser simplifizierenden Winkelzüge bedienen. Sie machen unglaubhaft, wirken wie eine entrückte Analyse aus dem Elfenbeinturm heraus, gemacht von Menschen, die die Menschen nicht kennen. Die sollte man aber wenigstens so ein bisschen kennen, wenn man schon behauptet, in ihrem Namen sprechen zu wollen.

Denn mit linken Augen zu sehen bedeutet eben auch, die Dinge klar und nicht eindimensional zu sehen. »Alle große politische Aktion«, so behauptete Ferdinand Lassalle einst, bestehe »in dem Aussprechen, was ist, und beginnt damit«.[9] Insofern mag es eine schöne linke Folklore sein, die Menschheit als schlummernde Gutmenschheit zu skizzieren, aber so macht man keine politischen Sprünge – auf diese Weise igelt man sich mal wieder ins Unpolitische ein.

Für linke Politik ist es daher existenziell, immer auch im Auge zu behalten, dass Menschen ausgezeichnete Gesellschafter im Sinne von Zusammenarbeit und Hilfsbereitschaft sind, aber dass es stets auch ein kleiner Schritt bis zur Egomanie, zur Ausbeutung oder Unterdrückung ist. Den Polizeikader zu dezimieren, die Menschen sich selbst zu überlassen, wie das besonders unter autonomen Linken eine beliebte Forderung ist, stellt an sich keine sinnige Parole im Sinne linker Vorstellungen dar. Schutz zu bieten: Das ist links. Ihn im Gegensatz dazu abbauen zu wollen, weil man die exekutiven Kräfte als vermeintliches Hemmnis des wahrhaftig ethischen Potenzials der Menschen begreift, das ist der harmonische Kitsch von Pilcher-Romantik auf links gedreht: mehr aber auch schon nicht.

Eine Brandtrede: Über naiven Humanismus

Vieles von den vier Punkten, die in den letzten Kapiteln behandelt wurden, treibt Linke aus der Mitte wie aus dem radikalen Milieu mehr oder weniger um. Es ist zu einer schönen Tradition innerhalb der Linken geworden, zum Beispiel den Kapitalismus beenden zu wollen. Wenn man jetzt empfiehlt, das ab jetzt einfach aufzugeben und die Leitlinie neu zu definieren, dann fühlt sich das wie die Preisgabe eines Alleinstellungsmerkmals an.

Gleichzeitig ist die Bewahrung dieses »Markenkerns« allerdings auch ein Problem: Sie lähmt die politische Mobilität und versiegelt die Linke gegen potenzielle Wählerschaften, die weniger wegen langperspektivisch visionärer Agenden an die Urne schreiten als aus Gründen kurzfristiger Lösungs- und Verbesserungswünsche für ihr direktes Leben.

Es ist unbestreitbar, dass die Linken der Mitte wie die radikalen Linken einen humanistischen Anspruch an sich selbst haben, auch wenn der in der parteipolitischen Debatte oder im Eifer der Straßenschlacht ganz gerne mal vergessen wird. Humanismus ist ja auch ein Erbe, das sich die Linke dringend bewahren muss. Problematisch wird es nur, wenn der Humanismus naiv wird.

Auf dieses Dilemma hat Willy Brandt im Dezember 1971 in der Osloer Universität hingewiesen[10]. Damals sprach er dort als Laureat anlässlich der Verleihung des Friedensnobelpreises und breitete seine Gedanken zur Friedenspolitik in unserer Zeit aus. Am Ende dieser Rede bekannte er sich zum naiven Humanismus seiner jungen Jahre. Vorher im Text hatte er noch dargelegt, wie er die Möglichkeiten als sozialer Demokrat heute einschätzt, nicht den Menschen wolle er im Anflug eines solcher Naivität ummodeln, weil man ihn so nur zerstöre, aber an die »Veränderbarkeit der menschlichen Verhältnisse« glaube er schon.

Dem naiven Humanismus erteilt Brandt in dieser Rede mehrfach eine Abfuhr. Man spürt noch heute, wenn man den Redetext liest, dass er auf einem realpolitischen Boden stand, politische Verantwortung trug und über die Jahre zu der Anschauung gereift war, dass Dogmatismus und sittenreiner Moralismus keine Grundlagen zur Veränderung sind, sondern deren Gegenteil: »Wer sich im Besitze der ganzen Wahrheit glaubt, wer das Paradies nach seinen Vorstellungen heute und hier haben will, der zerstört nur zu leicht den Boden, auf dem eine menschenwürdige Ordnung wachsen kann. Auch in der Tradition der europäischen Demokratie lebt neben einem humanitären ein doktrinärer Zug, der zur Tyrannis führt; Befreiung wird dann zur Knechtschaft.« Dieses Potenzial zur Tyrannis, das Brandt in der demokratischen Tradition zu erblicken meinte, könnte man leicht all denen unterstellen, um die es in diesem Büchlein hier geht.

Wobei man schon noch mal gesondert anmerken müsste, dass diese Leute Demokratie mit Ethik verwechseln und so zu modernen Savonarolas mutieren. Wie jener Dominikaner und Bußprediger aus dem Florenz des 15. Jahrhunderts übergeben sie jede Verfehlung, die wider ihre Dogmatik eintritt, einem metaphorischen »Feuer der Eitelkeiten«, einem moralinen Autodafé und tilgen sie vom Antlitz ihrer eigenen kleinen Welt. Der Dominikaner lag mit seiner Kritik an Adel und Klerus ja nicht falsch, er war dem besten Sinne nach sozialrevolutionär. Seine Auswüchse ins Zelotenhafte allerdings, die gerieten nicht nur an den Rand der Raserei – sie war es bereits mit allen krankhaften, mit allen pathologischen Zügen.

Auch Savonarola erlag der Verlockung der Wahrheit, besser gesagt dem, was sich einem als Wahrheit offenbart. Völlig einerlei, ob das jetzt in Bezug auf Religion, politische oder wissenschaftliche Theorien gemünzt ist: Sich im Besitz der Wahrheit zu wähnen, den Skeptizismus über Bord zu werfen, ihn durch Dogmatismus zu ersetzen: Das entfacht Raserei. Die mag zwar vielfältige Formen annehmen können, tangiert zwischen Beleidigung Andersdenkender, Resignation und Weltabkehr bis hin zu Mord. Aber die Wurzel ist doch stets dieselbe: das Besitzstandsdenken im Bezug auf den immateriellen Wert der Wahrheit. Man greift sie wie einen Gegenstand, umklammert sie, gibt sie nicht mehr her und teilt sie nicht, sondern teilt sie aus wie eine Hostie. Wehe dem, der sie nicht andächtig auf seiner Zunge zergehen lässt!

Brandt sprach auch das seinerzeit in Oslo an, zeigte für sich an, dass er als Linker (das Wort benutzte er in der Rede nicht einmal), kein Alleinstellungsmerkmal namens Wahrheit bereit hält: »Junge Menschen erwarten oft von mir das ungebrochene Ja, das deutliche Nein. Aber mir ist es unmöglich geworden, an eine einzige, an *die* Wahrheit zu glauben.«

Die Worte, die Willy Brandt 1971 an die Welt richtete, zielten besonders auf die Frage nach Krieg oder Frieden ab. Es herrschte schließlich Kalter Krieg. Auch auf dieser Ebene empfahl er sich als Vertreter einer undogmatischen Linken, als er nahelegte: »Der Frieden ist so wenig wie die Freiheit ein Urzustand, den wir vorfinden: Wir müssen ihn machen, im wahrsten Sinne des Wortes.« Mit guten Worten und reiner Entmilitarisierung, so lässt sich schlussfolgern, ist Frieden nicht herzustellen, schon gar nicht, wenn er sich aus einem Kriegszustand manifestieren soll. Der Friedensnobelpreisträger wusste, wovon er sprach, Hitler war nicht mit Lichterketten und Friedensandachten aus der europäischen Wirklichkeit gejagt worden.

Brandt lieferte mit seiner Rede kein Manifest auf das Kriegsgeheul und auf rasselnde Säbel, er plädiert ja dann auch für eine weitere wissenschaftliche Auseinandersetzung mit dem »Ursprung des Unfriedens«, die Friedens- und Konfliktforschung stehe nämlich vor großen Aufgaben. Seit 1971 hat sich daran übrigens leider kaum etwas geändert, man scheint da immer noch im Dunkeln zu forschen. Aber weltvergessen zu sein in seinem ideologischen Eifer, das konnte man sich nicht leisten, wusste Brandt. Pazifismus ist eben nicht immer nur die strikte Nichtanwendung von Gewalt, wie Linke das heute zuweilen interpretieren. Militär ist eben nicht entbehrlich. Aber natürlich wird es heute gerne für gewisse Ressourcensicherungseinsätze genutzt. In diesem Sinne kam aber die militärische Intervention zwischen den Zeilen in Brandts Rede nicht vor. Man kannte sie noch nicht im bundesrepublikanischen Alltag.

Willy Brandt hat unter den linken Linken übrigens nach wie vor keinen guten Stand. Als Realpolitiker, der er letztlich ja war, nehmen sie ihm manches übel. Für sie ist er weiterhin nichts als ein borniert Konservativer gewesen. Besonders den sogenannten Radikalenerlass reiben sie ihm posthum noch immer unter die Nase.

Brandt hat sich Jahre später, wenn nicht entschuldigt, so doch immer wieder gerechtfertigt. Vielleicht sei er ein Fehler gewesen, befand er mit zeitlichem Abstand. Wahrscheinlich war er jedoch von seiner Grundidee gar kein absoluter Fehler, sogar aus vielen Gründen nötig. Natürlich auch, um ganz praktisch zu bleiben, um schulischer und generell behördlicher Infiltration von Sympathisanten brutaler Gewaltverbrecher keine Agitationsplattform zu gewähren. Man hatte es immerhin mit der Sympathisantenszene der RAF-Mörder zu tun, mit Followern gnadenloser Häscher, die wiederum paranoid genug waren, eine Mär zu erzählen, in denen sie als arme verfolgte Anstandsbürger vorkamen und die dann auch noch von vielen geglaubt wurde. Von vielen, die es halt auch glauben wollten. Das führt jetzt zu weit. Der Irrweg der linken Sympathisantenszene gibt noch Jahre nach den Ereignissen genug Stoff her, um mehr als ein

Buch zu füllen. Es geht uns hier nur um den Radikalenerlass und nicht um das innerbetriebliche Klima dieser sich politisch gebenden Mörder, die letztlich doch sattsam apolitisch waren.

Vieles wurde vielleicht zu grob gehandhabt mit dem Erlass, nahm die Form von Kommunistenhatz an. Ein Berufsverbot, wie radikale Linke dann behaupteten, war das ganze Konzept aber nur bedingt. Man konnte und durfte ja arbeiten. Selbst dann, wenn man in den Ruch kam, irgendwie Sympathisant gewaltbereiter Kreise zu sein. Nur durfte man halt nicht mehr für den Staat arbeiten, für den öffentlichen Dienst. Einen Staat, den man ja ohnehin ablehnte, den man in bestimmten Kreisen für einen faschistischen Protostaat hielt. Was soll daran denn bitte verwerflich sein?

Als ein Lehrer in unseren Tagen zum Sprachrohr der AfD wurde und öffentlich Geschichtsklitterung betrieb, sodann aus dem schulischen Betrieb genommen wurde, jubelten doch genau jene Leute, die den Radikalenerlass aus denselben Gründen ablehnen. Woher kommt denn diese selbstgerechte Weltsicht?

Es ist doch so: Wenn ein Staat nur ansatzweise glaubt, er müsse sich und seine Bürger schützen, so muss er Personen, die sich radikal zu Gewalttätern bekennen, auch so gut wie möglich aus seinen Institutionen heraushalten. Das ist das eine. Damals kam aber noch dazu, dass Brandt eine Entspannungspolitik mit dem Osten anstrebte und die Konservativen im eigenen Land glaubten, die Sowjets marschierten nun bald ein. Diesen Ängsten musste man begegnen, wollte man sich an der Macht halten, um weiter an der eigenen Agenda und Marschroute festhalten zu können. Die Entspannung brachte ja viele Verbesserungen für die Menschen, die Kontakte ins andere Deutschland pflegten. Hätte ein Bundeskanzler damals kaum oder jedenfalls nur unzureichend auf diese Machtprobe mit Terroristen reagiert, wäre das Tauwetter aufgrund eines Bonner Machtwechsels womöglich entfallen und wo das geendet hätte, bleibt als Antwort schuldig. Mit etwas Chuzpe könne man behaupten: Ohne Radikalenerlass hätte es die Wiedervereinigung nie oder später oder vielleicht ganz anders gegeben.

Realpolitik eben: So nennt man diesen ganzen Komplex. Sie hat was ziemlich Widerliches. Vieles, was realpolitisch ist, das ist mehr als unschön, manchmal ist es richtiger Dreck. Wahrscheinlich auch nicht ideal – und ideell schon gar nicht.

Da sind wir wieder bei Ernst Toller, der wusste, dass man in der Verantwortung stehend nicht immer idealistisch bleiben könne. Der Handelnde macht sich schuldig. Brandt las in jungen Jahren Toller, so wird von Biographen berichtet. Er haderte nachher wie der alte Meister aus der Münchner Rätezeit. Verantwortung, das ist wahrhaft ein Scheißgeschäft. Realpolitik bedeutet, nicht immer im Einklang mit seinen Wertevorstellungen leben zu können. Dumm ist es ja auch gelaufen damals, nicht jeder Kommunist war für die RAF. Aber um bei Toller zu bleiben: »Muss der Handelnde schuldig werden, immer und immer? Oder, wenn er nicht schuldig werden will, untergehen?« Aber untergehen, das ist keine Option, wenn man etwas Politisches bewirken will. Was selbstverständlich nicht heißt, dass man alle Idealismen preisgeben darf.

Das sollte der linke Mensch aus der radikalen Ecke mal begreifen. Hierzu sei zur Einstimmung Brandts Nobelpreisrede empfohlen. Gutes Gelingen!

Und schon wieder Marx

»Der Kompromiss ist die Verwirklichung
des Ideals auf Erden.«

– Leonard Nelson –

Die Agenda 2010 ist aus linker Perspektive gescheitert. Dabei war der Ansatz, einen Weg nach vorne für Europas Sozialdemokraten und Linke zu finden, erst mal gar nicht so verkehrt. Ganz im Gegenteil. Dieser Aufgabe muss sich Europas Linke nun dringend stellen.

New Labour, das als Schröder-Blair-Papier – das im Deutschen eigentlich »Der Weg nach vorne für Europas Sozialdemokraten« hieß – über den Ärmelkanal kam, sollte als dritter Weg – so dann der englische Titel des Papiers – eine Gratwanderung zwischen Finanzkapitalismus und linker Perspektive bieten. Inhaltlich sind die Vorstellungen auf ganzer Linie gescheitert. Der dritte Weg war ein Holzweg, weil er die Angebotsökonomie zur Alternativlosigkeit erklärt hatte und weil man die Lebensrealität der eigenen Klientel und Wählerschaft aus den Augen verlor.

Kurz gesagt, ein linkes Konzept, das sich vom eigenen sozialen Milieu entfremdet und Wirtschaftspolitik von der Verteilungsfrage entkoppelt hat, ist eben genau das nur noch sehr bedingt: ein linkes Konzept. Die intellektuellen Hilfsinstallationen, die im Rahmen jener Konzeption in den Köpfen verankert wurden, das negative Menschen- und Gesellschaftsbild etwa, die Schwarze Pädagogik oder aber die regelrechte Abkehr von der Geltung der Aufklärung sprechen eine deutliche Sprache: Hier ist ein linker Weg in seinen ideellen (und auch materiellen) Bankrott gelaufen.

Eine einzige Sache an dieser Neuausrichtung, die als Agenda 2010 über das Land kam, die war genau richtig: Dass man nämlich in Aussicht stellte, eine linke Konzeption in die neue Zeit zu übertragen, ja hinüberzuretten, war ein elementarer Schritt und stellt nach wie vor eine historische Aufgabe dar – und sollte als Auftrag an alle Linken aufgefasst werden.

Grundsätzlich war es schon richtig, sich eine neue Agenda zuzulegen, denn es hat sich viel zu viel verändert in den letzten zwei bis drei Dekaden. Die gesamte europäische Linke (die gemäßigte wie die radikale) hat das vielleicht nicht verschlafen, aber sie hat auch bis dato nicht adäquat darauf reagiert oder aber, wie im Falle des Schulterschlusses zwischen deutschem Kanzler und britischem Premierminister, sie hat auf eine völlig falsche, weil um fast alle linke Werte beraubte Karte gesetzt.

Das Subjekt des innergesellschaftlichen Umbruches, der Arbeiter als Basiseinheit des Proletariats, ist in den letzten Jahrzehnten mehr oder weniger verschwunden. Es gibt ihn natürlich noch – nicht mehr ganz so häufig zwar, nicht mehr als verarmten Genossen zwar, der im Fließbandmoloch sein Tagwerk verrichtet und dreckverschmiert von seiner Schicht zurück in die Schlafkoje fällt. Heute kann ein Arbeiter bei Audi eingestellt und damit gut versorgt sein, er erhält Sonderzahlungen und die Möglichkeit, günstig ein Auto zu leasen – oder aber er wird heute hierhin, morgen dorthin verliehen und macht den Buckel für einen Hungerlohn krumm. Gearbeitet wird freilich auch heute noch. Nur kommt man bei den Werktätigen der Neuzeit mit traditioneller Rhetorik vom Klassenkampf, die aus einer anderen Epoche entlehnt scheint, nicht mehr sonderlich weit, weil sie an modernen Lebensverhältnissen manchmal kilometerweit vorbeigeht.

Die (Arbeits-)Welt hat sich massiv verändert, was im Wesentlichen heißt: Sie hat sich beschleunigt. Mit marxistisch-dogmatischen Lösungsansätzen kommt man im Stadium der hiesigen Beschleunigungsökonomie nicht mehr ganz so weit. Zwangsläufig steckt man im 19. Jahrhundert fest, als noch Dampflokomotiven die Krone der Geschwindigkeit darstellten und Mediziner warnten, dass knapp dreißig Stundenkilometer, die der neue Schienenverkehr erreichte, zu Irrsinn und psychischen Ausfällen führen könnten. Nationale Ökonomien sind aufgeweicht und sublimieren sich ins Globale – sie gehen darin je nachdem auf oder unter. Die Linke hat auf die Globalisierung hin weitestgehend zweierlei Haltungen gefunden: Entweder hat sie sich dem Prozess so unterworfen, dass sie sich dem Druck des globalen Wettbewerbes ohne mildernde Gestaltungsansprüche untergeordnet hat. Da käme der Schwenk linker Parteien in Europa zum Neoliberalismus, Programme wie die Agenda 2010, ins Spiel. Oder aber sie hat sich in strikter Ablehnung der herrschenden Verhältnisse verfahren und sich in Marx-Exegesen manifestiert, um auszurufen: Globalisierung abschaffen! Da ist er wieder, der destruktive Ruf nach Abschaffung.

Zwischen totaler Affirmation und Negation einen linken Weg zu finden, der nicht in scheinliberalen Optionen endet, das ist die Aufgabe der Stunde. Momentan hat sich die europäische Linke in den Jahren der neoliberalen Deutungshoheit zurückgezogen in eine Mentalität, die man simplifizierend als Negation zum eingeschlagenen Wirtschaftskurs deuten könnte. So eine Haltung ist zwar bitter nötig, aber gleichzeitig auch wenig produktiv im Hinblick auf die Gestaltung möglicher gesellschaftlicher Alternativkonzepte. Die dürfen dann aber freilich, falls man sich doch mal austariert, keine regressiven Modelle sein,

also den Menschen nicht mit einem großen Verlust an Lebensqualität drohen, wie das zum Beispiel grüne und öko-sozialisti-
sche Verzichtsutopien zuweilen schon taten.

In puncto Europa hat sich über viele Jahre eine ganz ähnliche
Perspektivlosigkeit entwickelt. Die linke Kritik an der EU (siehe
auch unter »NATO und EU abschaffen?«) war absolut nicht
falsch. Sie war und ist eine Wirtschaftsunion, die auf tönernen
Füßen steht. Heute mehr denn je. Mit der traurigen Verwirklichung dessen, wovor man jahrelang gewarnt hat, lehnen sich
nicht wenige Linke in Europa jetzt selbstzufrieden zurück und
erklären: Wir haben es ja gesagt! Natürlich war diese EU nie die
EU der Linken, aber daraus ein argumentatives Freudenfest zu
machen ist schlechterdings makaber. Die Kritik aus der bürgerlichen Mitte, dass Linke und Rechte in ihrem Antieuropäismus
nicht unähnlich klingen, resultiert mit hoher Wahrscheinlichkeit
aus dieser Schadenfreude.

Man hat es auf linker Seite versäumt, eine Vision eines vereinten Europas zu entwickeln oder zu konstituieren, für die es sich
lohnt zu streiten. Was übrigens nicht heißt, dass linke Europapo-
litiker aus ganz Europa nicht immer wieder ihre Stimme erheben, um den Weg zu weisen. Aber aus Einzelstimmen lässt sich
beim besten Willen keine linke Aufbruchsstimmung, keine rich-
tungspolitische Agenda für den gesamten Kontinent filtern.

Die Linke muss umsetzbare Konzepte finden, um zum Beispiel
im globalisierten Wettbewerb den Sozialstaat zu erhalten, ihn
weiter zu stärken und ihn im Europäischen aufgehen zu lassen.
Das hat konstruktiv und nicht destruktiv zu geschehen. Und sie
muss in diesem Zuge an Strategien arbeiten, wie sie von den
Wählerinnen und Wähler als attraktive Partnerin wahrgenommen werden kann. Aus der Ecke der blauäugigen Utopisten und
dogmatischen Besserwisser muss die Linke heraus. Das gelingt
nur, wenn sie sich von ihren radikalen Zöpfen trennt, wenn sie
Distanz zwischen sich und die linken Linken bringt.

Zeiten ändern dich: Alter Hut Neue Linke

Die Neue Linke oder die 68er sind unter heutigen Linken jeder Couleur so etwas wie ein Tabernakel. Man nähert sich diesem Heiligtum nur, indem man sich vor ihm verbeugt, sich bekreuzigt und vielleicht noch einen Kniefall nachliefert.

Spätestens mit 1968 beginnt die Klitterung der Ereignisse. Und zwar auf beiden Seiten: Ob man nun die 68er als nationale Katastrophe einstufen will, wie das konservative Meinungsmacher gerne tun. Oder ob man sie als die Retter inszeniert, die Deutschland in neue Gefilde gelotst haben: Überall finden sich Legenden, Verknappungen und jede Seite kachelt sich genau die Mär auf den Estrich, die ihr gerade passt.

Unter linken Linken sehnt man sich das Bewusstsein von '68 zurück, damals, als man trocken analysierte und eine Sprache benutzte, in der verquast die Befreiung des arbeitenden Menschen aus seiner Monotonie gefordert wurde, aber genau jene idiomatisch nicht erreicht werden konnten: arbeitende Menschen. Die mussten ihre Familie durchbringen, die Wohnung bezahlen und wussten wenig mit quasi soziologischen Beschreibungen ihres Alltags anzufangen. Der praxeologische Ansatz französischer Soziologen hatte sich im Land der Dichter und Denker, der Richter und Henker, noch nicht durchgesetzt. Der rang ja gerade in Frankreich um Durchbruch. Alles, was einfach klang, aus dem Alltag gegriffen schien, konnte nicht wahr sein für den deutschen Intellektuellen, der sich in jenen Jahren besonders häufig als Linker begriff. Wenn etwas simpel klang, einfach nur wie eine Beschreibung aus dem wirklichen Leben, dann musste dahinter wohl auch ein Simpel stecken. Und mit solchen könne man die Menschen nicht in die Revolution gegen die herrschenden Verhältnisse schicken.

Wenn man allerdings heute so liest, wie unter Linken jene Jahre beschrieben werden, mit welcher Weitsicht die Akteure skizziert werden, dann fragt man sich unwillkürlich: Warum sind die heutigen jungen Leute und vor allem die Studenten so dumm: Liegt das am Privatfernsehen? Oder aber es liegt ja vielleicht an etwas ganz anderem: nämlich daran, dass die jungen Leute, die seinerzeit der Revolution intellektuell vorstanden, auch gar nicht so weitsichtig und helle waren. Möglicherweise hatten sie nur das Glück, dass manche ihrer Ansichten über die Jahre gesellschaftlich durchsetzungsfähig wurden. Andere hatten da ja keine Chance. So hat die Kommune nie die Familie ersetzen können, eben nicht nur, weil die Konservativen die Familienrealitäten weiterhin familienpolitisch im Griff behielten, sondern weil wir es hier mit einem seit Jahrtausenden etablierten Modus zu tun hatten: erotische Partnerschaft als Grundlage. Vergänglich zwar, aber auch schöpferisch – gerade in Bezug auf Familienplanung. Natürlich hat sich unser Familienbegriff verändert. Heute stürzen sich auch Männer gemeinsam in einen schiefen Haussegen. Und wenn sie möchten, können sie sich sogar als Frauen fühlen, ganz existenzialistisch nach dem Motto: Der Mensch kann sein, was immer er will. Ein gewisses Maß an sexueller Liberalisierung muss man den 68ern schon attestieren. Aber die Familie abgelöst durch eine mehr so kommun praktizierte Lebensgemeinschaft, wie das damals angedacht war: Das konnte als Massenspektakel nichts werden. Oft sind ja schon zwei Leute unter einem Dach einer zu viel.

Die Gesellschaft ist auch nicht deswegen fairer und demokratischer geworden, weil wir heute alle ohne schlechtes Gewissen wichsen können. In jenen Jahren machten die Sittenwächter aus der Selbstbefriedigung ja noch einen problematischen Akt, der Jugendlichen Neurosen und Minderwertigkeitskomplexe als Initiationsgeschenk mit ins Erwachsenenleben bescherte. Mit der Wiederentdeckung des Psychoanalytikers und Freud-Schülers Wilhelm Reich entdeckten die jungen Leute damals auch ihren Körper neu: Es durfte masturbiert und kopuliert werden. Denn das sei die Grundlage gesunder Menschen. Die Unterdrückung der sexuellen Wünsche führe nämlich dazu, dass man ein gut kontrollierbarer Zwangscharakter würde, ein braver Untertan halt. Wer aber seine sexuelle Energie abführt, der mutiere gewissermaßen zum demokratischen Typus, denn er wird selbstsicher und kritikfähig. Ganz anders als all diese Menschen, die in der patriarchalischen »Zwangsfamilie«, wie Reich das traditionelle Familienmodell nannte, aufwuchsen und die dort unterdrückt wurden. Familie war für Reich damit auch eine »Untertanenfabrik«.

Seine Theorie ist ja nun wirklich nicht unsympathisch und hat wirklich dazu beigetragen, dass junge Menschen heute relativ offen ihre sexuellen Sehnsüchte ausleben können. Problem an der Theorie ist jedoch: Nur weil gefickt wird, ist die Demokratie kein Selbstläufer. Man betrachte nur die Tendenzen zum Rechtsruck in heutiger Zeit. Der Sex ist recht unkompliziert zu haben, meist ist er nur drei Mausklicks und eine Kurznachricht entfernt, wenn man es denn so will: Und trotzdem quält sich die westliche Welt mit rechten Parteien herum, die mal mehr, mal weniger Anhänger um sich sammeln. In diesen Parteien finden sich dann sogar schwule Arbeitsgemeinschaften oder lesbische Vorsitzende, die von der Beschneidung demokratischer Standards als dringliche Notwendigkeit faseln. Obwohl auch sie sich sexuell entfalten können, wie es ihrer sexuellen Energie entspricht: Demokraten sind diese Herrschaften trotzdem keine.

Der freie Sex wirkt in unserer Gesellschaft letztlich ganz anders, als man es sich damals erhofft hatte. Es ist ein bisschen so geworden, wie Michel Houellebecq es seinerzeit beschrieb[1]: Der Sex stellte seiner Einschätzung nach ein vom Geld abgekoppeltes Differenzierungssystem dar, das aber dem Wirtschaftsliberalismus gleichartig ist. Der sexuelle Liberalismus erzeuge nämlich Pauperisierung, weil manche täglich Geschlechtsverkehr hätten, während andere die sexuellen Abenteuer ihres Lebens an einer Hand abzählen können. Es sei ein Marktgesetz. Dort, wo Entlassungen verboten seien, schrieb er, findet jeder seinen Platz. Wo der Ehebruch tabuisiert wird, gäbe es auch einen Partner für jeden. Ob die letzte Einsicht nun ein Ideal ist, das lassen wir mal dahingestellt. Aber tatsächlich hat die sexuelle Liberalisierung nicht die Demokratie gestärkt, sondern vielleicht sogar im Sinne Houellebecqs den demokratischen Gleichheitsansprüchen eins ausgewischt.

Die jungen Leute von damals wagten etwas, sie stellten sich gegen die tumben Konventionen von dunnemals. Aber visionär waren sie dennoch nur bedingt. Sie waren auf eine damals gesunde Art destruktiv und unkonventionell – konstruktiv brachten sie sich eher nicht ein. Wo sie dann aber doch visionär zur Tat gingen, da blickten sie an der Lebenswirklichkeit der Menschen vorbei und verstrickten sich in brotloser Utopistenkunst, die keinen Anspruch auf Umsetzbarkeit zu haben schien. Manches von ihren Visionen blieb dann trotzdem haften und konnte wenigstens zum Teil auf die Gesellschaft einwirken. Aber von einer profunden Weisheit erfüllte Jungintellektuelle, wie uns das mancher linke Romantiker heute noch auftischen will, das waren diese Leutchen gewiss nicht.

Die Neue Linke, die sich aus den Trümmern jener Jahre formierte, ist noch immer die ideologische Heimat vieler linker Linker. Schlimmer sind nur noch jene, die die RAF verherrlichen. Ihre Sponti-Ansätze, der Spaß am Widerstand und die weiterhin verquaste Analyse der Zustände beeinflussen noch immer den Ton im Milieu. Sie versteht sich als das, was der französische Soziologe Luc Boltanski als »Künstlerkritik« bezeichnete. Diese besondere Form der Kritik an den Gegebenheiten stellt er der »Sozialkritik« gegenüber, die sich mit den Verwerfungen des Kapitalismus auseinandersetzte und einen eher materialistischen Ansatz pflegte. Die »Künstlerkritik« entfernte sich bereits Ende der Sechziger von der sozioökonomischen Problematik, kreiste stattdessen lieber um das Ideal der individuellen Autonomie und der Selbstverwirklichung. Boltanski behauptet ferner, dass »aus Sicht der Verteidiger des Kapitalismus […] diese zweite Form der Kritik allerdings den Vorteil [bot], durch gewisse Umdeutungen und Glättungen mit einem liberal gemäßigten Kapitalismus durchaus vereinbar zu sein«[2]. Willkommen im Neoliberalismus, dem reformierten Verwirklichungstrip jenes Teils der Neuen Linken, der sich verstärkt von der sozialen Frage zurückzog, um im Spektrum der Toleranzthematiken zu grasen – oder schlimmer noch: die eigene persönliche Existenz zum politischen Reformprozess zu machen, ganz nach dem Motto: Alles ist politisch und bei sich selbst fängt man an, dann werden die anderen schon mitziehen.

Politik kommt aber von Polis, also übersetzt von der Stadt oder der Gemeinschaft. Wer Politik introspektiv begreift, als Rückzug ins Private, um von dort die Welt zu verändern, der verankert also in sich die Gemeinschaft. Oder anders gesagt: Der maßt sich an, er könne als Maßstab für alle gelten. Nein, Politik ist ein sozialer Akt im Sinne von »gemeinschaftlich« – die »Künstlerkritik« zielt aber auf die inneren Werte des Einzelnen ab und ist somit nicht politisch dem Wortsinne nach.

Nicht jede Splittergruppe in der Neuen Linken hat sich natürlich in diese esoterische Entpolitisierung manövriert. Eine softere Auslegung dessen, was Boltanski als »Künstlerkritik« bezeichnete, findet man in der Überbetonung emanzipativer Sujets. Dagegen ist, wie weiter oben schon dargelegt (siehe auch unter »Was fürs Herz: Fantifas und Kolleginnen«), gar kein Einwand zu erheben. Problem ist hierbei nur, dass man die Frage nach der sozialen Gerechtigkeit plötzlich so umgedeutet hat, als könne man über die Umwege der Toleranzschaffung auch gleich diese Frage vom Tapet schnipsen. Die Entwicklung hat uns aber gezeigt: Das ist falsch. Jedenfalls für unsere Zeit. Seinerzeit mag das Berechtigung gehabt haben. Als Susan Sontag in ihrem Essay »Was in Amerika geschieht« gewissermaßen mit der alten, mit der materialistischen Linken abrechnete und die neue Protestgeneration als Hoffnungsträger feierte, weil sie »zwischen der Erkundung innerer Befindlichkeiten und der Verbesserung gesellschaftlicher Befindlichkeit« eine dringende Kausalität wähnte, dann mag das im Mief jener Nachkriegsjahre absolute Gültigkeit gehabt haben. Diese linken Leute waren ja mehr oder weniger materiell abgesichert; sie kamen ja teilweise aus finanziell bessergestellten Haushalten. Für uns, die wir den Weg der Toleranzschaffung gegangen sind, bricht aber tatsächlich ein Augenblick heran, in dem die linke Perspektive eben wieder materialistischer ausgestaltet sein muss. Denn die zentrale Frage unserer Zeit ist eben nicht mehr: Darf ich schwul sein? Oder ist das Wichsen nicht ganz normal? Wir Zeitgenossen stellen uns anderen Fragen: Wie bezahle ich meine Miete? Ist es normal, dass ich für meinen Dienstherrn auf Telefonanruf bereitstehen muss? Kann es sein, dass man mit öffentlichen Geldern errichtete Bausubstanz einem Investor überschreibt und ich diesen Akt extra entlohnen muss?

Das haben jene, die sich heute noch immer auf die Neue Linke beziehen, leider irgendwie verpasst. Sie stellen Fragen, zu denen wir schon einige Antworten gefunden haben. Nicht alle sind im Resultat so ausgefallen, wie man sich das vielleicht gewünscht hatte. Aber man wiegelt solche Fragen, wie zum Beispiel die Liberalisierung alter Sexualkonventionen betreffend, nicht mehr einfach ab. Man kann sie stellen und kann sie sich auch selbst beantworten – und mit ein bisschen Glück, wenn kein Spießer in der Nähe ist, kann man sogar ausleben, was einen so antreibt.

Insofern sind die Erkenntnisse und Taktiken der Neuen Linken von einst ein alter Hut. Und die Aktionen der 68er sind weitestgehend – aber nicht nur – ein bisschen linke Folklore.

… ging im Evoluzzerschritt mit den Revoluzzern mit …

Hoffen Linke eigentlich noch auf die Revolution? Sie lässt ganz schön auf sich warten. Ob sie dann allerdings so sinnvoll wäre, ob es nicht effektivere Wege zur Etablierung neuer Strukturen gäbe, sollte man sich nochmal durch den Kopf gehen lassen.

Wir haben es mit diesem Themenkomplex ja mit einer der Metafragen der Linken zu tun: Reform oder Revolution? Sollte man nicht wie Marx den revolutionären Weg vorziehen? Oh, heiliger Vater des Sozialismus! Der Mann hatte doch letztlich immer recht, oder nicht? Dabei ist ausgerechnet in Marx eine gewisse Zerrissenheit zu ergründen. Er war in seiner Analyse mindestens so evolutionär, wie er revolutionäre Umtriebe im Europa seiner Zeit befürwortete und intellektuell befeuerte.

Wenn wir uns mal vor Augen führen, wie er sich die Hinwendung menschlicher Gesellschaft zum Kommunismus vorstellte, wird schon ziemlich augenfällig, was gemeint ist: Ohne Industrialisierung und Kapitalismus kann eine Gesellschaft, mit marxistischen Augen betrachtet, nicht in den Sozialismus abbiegen. Dass dann ausgerechnet das zaristische Russland, das nur sehr wenig Industrie aufweisen konnte und zudem noch stärker gutsherrschaftlich als kapitalistisch war, zur Schmiede des real existierenden Sozialismus mutierte, galt schon unter den zeitgenössischen Sozialisten als Treppenwitz der Geschichte. Marx hatte sich doch klar evolutionär ausgedrückt: Ohne den Industriekapitalismus könne, ja dürfe man an eine Umverteilung nach sozialistischer Vorstellung gar nicht denken. Und dann ausgerechnet dieses Russland! Das musste doch schiefgehen. Das ganze Projekt war schon in seiner Anlage zum Scheitern verurteilt.

Die ersten Sozialisten haben sich hingegen eher Deutschland als Ausgangsbasis für eine sozialistische Revolution auserkoren. Es war industrialisiert, hatte stark ausgeprägte kapitalistische

Strukturen und einen kommunistischen Untergrund. Als dann das agrarische Russland zur Wiege des Kommunismus wurde, glaubten viele Revoluzzer ganz im marxistischen Sinne nicht daran, dass ein Land ohne Industriekapitalismus diese Neuerfindung von Gesellschaft bewerkstelligen könne. Letztlich behielten diese Stimmen recht.

Diese Zerrissenheit im dialektischen Werk jenes Mannes, der dann zum Überbegriff revolutionärer Umwerfungen wurde, kann gar nicht laut genug betont werden. Das evolutionäre Element wabert immer mit, auch wenn das irgendwie ziemlich selten unterstrichen wird. Revolution ist schließlich sexyer.

Was allerdings heute nötig wäre: ein sozialdemokratisches Konzept des Reformismus. Sozialdemokratisch im besten Sinne des Wortes. Sozialdemokratisch meint hier nicht die neoliberalen Leute um den gerade aktuellen SPD-Obmann, sondern die alte Idee dieses Lösungsansatzes. Die bewirkt tatsächlich keine Wunder und stößt an Grenzen. Aber welche Wahl hat die Linke denn sonst in einem Zeitalter, in dem die Menschen offensichtlich keinen Sinn für revolutionäre Umstürze haben? Linke Vorstellungen sind ja heutzutage nur massenkompatibel, wenn sie ohne Aussichten auf Krawall schmackhaft gemacht werden. Und wer kann es den Menschen bitte verdenken, dass sie keinen Weg brutaler Umstülpungen gehen wollen? Von kleinen Rotznasenrevolutionen, in denen Autos abgefackelt und infernalische Krawalle inszeniert werden, wie beispielsweise im Juli 2017 beim G20-Gipfel in Hamburg, ganz zu schweigen. Danach steht den Leuten der Sinn nun mal nicht.

Den Kapitalismus bändigen? Ist das nicht Spinnerei? Das geht doch überhaupt nicht! Oder? Man kann diese Wirtschaftsform nicht einfach an die Leine nehmen. Die Fliehkräfte sind einfach zu groß. Das ist fürwahr kein Kinderspiel – das stimmt schon. Aber warum sollte sich die Menschheit eine Bezähmung nicht zutrauen? Wer leugnet, dass man ein System, von Menschenhand geschaffen, in den Griff bekommen kann, der bezweifelt aber auch, dass Menschen überhaupt etwas, was sie erzeugt haben, kontrollieren können. Und das ist eine ernüchternde Botschaft. Wo ist denn die frohe Botschaft der optimistischen Linken hin? Ertrinkt auch sie an jenem Zeitgeist, der »Zukunft als Katastrophe« begreift – wie die Literaturwissenschaftlerin Eva Horn dieses Phänomen in ihrer gleichnamigen Analyse[3] bezeichnete? Ist Zukunft kein »auratischer Schlüsselbegriff«[4] mehr, ein Raum für Hoffnungen und Planvorstellungen, so wie vor Jahrzehnten noch, als der Fortschrittsglaube noch Spekulationen um eine positiv besetzte Zukunft generierte?

Mit diesem plumpen No-Future-Fatalismus kriegt man die Leute nicht. Der Punk ist schon lange tot. Das sollte man sich mal bewusst machen. Wobei man freilich auch ganz offen zugeben muss, dass die globale Situation des (Finanz-)Kapitalismus keinen Grund zu Hurra-Sprüngen liefert. Aber sich wehrlos ergeben, weil man es den Menschen nicht zutraut, den Koloss zu fesseln, das kann nun auch keine Alternative sein.

Bevor das hier falsch verstanden wird: Nein – das soll hier nicht in ein Hohelied auf den Status quo ausarten. Wie er sich jetzt gestaltet, so ist er nicht tragbar. Er mausert sich zur Diktatur – in manchen Weltregionen ist er es schon. Und ohne Kontrolle ist der Raubtierkapitalismus tatsächlich eine gefährliche Bestie. Aber ohne seine Grundlagen können wir kein gerechteres System begründen. Nichts lässt sich in der Welt ohne das aufbauen, was schon vorher in der Welt war. Es gibt sicher keinen hegelianischen Willen, dem die Entwicklung zwangsläufig folgt – aber sie folgt aus dem, was wir vorfinden. Und das ist nun mal dieses vermurkste System. Es abschalten und was Neues starten: So funktioniert Geschichte nicht. Wer es doch glaubt, hat sie nicht verstanden und geht in der ganzen Geschichte verloren. Dass dieses System krisenanfällig ist und vermutlich auch unter besseren Bedingungen immer für Krisen offen bleibt, muss man nicht explizit nochmals erwähnen. Aber die Krise ist nirgendwo, auch nicht in einer völlig anderen Gesellschafts- und Wirtschaftskonzeption völlig auszuschließen. Das Paradies ist eine biblische Vorstellung – keine realistische.

Die Linke braucht ein evolutionäres Konzept und weniger Rhetorik, die noch aus dem revolutionären Geist von dazumal gespeist wird. Daran mangelt es ihr seit so vielen Jahren – und das ist auch ein Grund dafür, dass sie selten Wahlen gewinnt, obgleich ihre Zeit reif wäre. Dieses Szenario kann fürwahr ratlos machen.

Der eine Teil der strukturellen Linken passte sich ja dann auch aufgrund dieser Ratlosigkeit völlig an und programmierte auf *neoliberal* um, das heißt: Er ist beliebig geworden. Wie aber dann? Wir müssen den Kapitalismus anpassen – das scheint mir der einzige Weg, der uns offen bleibt. Dann wird aus ihm auch so etwas Ähnliches wie ein Sozialismus – nur nicht ganz so dogmatisch vielleicht und hie und da gespickt mit den richtigen Ansätzen, die sich auch im kapitalistischen Katechismus verstecken.

Realos light oder Hunde, wollt ihr ewig opponieren?

Sich also anpassen, etwas milder werden, den radikalen Duktus und das fundamentalistische Gedankenkonzept wegschieben, um regierungsfähig zu werden? Ein übles Verleumdungswort mittlerweile: *regierungsfähig*.

Jeder unterstellt jedem, dass er es eigentlich nicht ist – regierungsfähig. Alle unterstellen es den Linken – und seit einiger Zeit auch den Rechtspopulisten. Aber ganz von der Hand kann man es auch nicht weisen, denn wenn Linke ihrer Partei nahelegen, gleich gar nicht erst eine Option auf Regierung offenzuhalten, dann darf man schon mal nachfragen: Steckt da Regierungsfähigkeit drin?

Vielen Linken, besonders denen aus dem radikaleren Spektrum, erscheint das Regieren wie purer Verrat an der Sache. Wenn man die Wahrheit aufgibt, um politische Macht zu erlangen, dann hat man sich aus ihrer Sicht nicht nur der Verwässerung schuldig gemacht, sondern auch gleich das Lager gewechselt. Hierbei spart man sich einige existenzielle Fragen auf, wie zum Beispiel: Was ist eigentlich Wahrheit? Wer kennt sie, wer verwaltet sie? Und ist man nicht so ein bisschen wenigstens, Wahrheit hin oder her, auch auf Macht angewiesen? Oder für die hier relevante Gruppe trefflicher, also ohne Machtrhetorik, formuliert: Ist ein Plätzchen an den Hebeln, an denen man im Theater die Hintergrundstaffage auszuwechseln vermag, nicht eigentlich eine erstrebenswerte Position?

Die Antwort lautet aus dem linken linken Lager relativ eindeutig: Nein. Immer dann, wenn die Linkspartei in die Gefahr gerät, vielleicht doch Kandidat für eine Koalition mit den Sozialdemokraten zu werden, rät man ihr zur Enthaltsamkeit. Nur so bewahre man nämlich Profil und Kontur. Bloß diese Keuschheit gewährt, dass man sich nicht mit dem Schmutz tagespolitischer Debatten einsaut. Der politische Gestaltungsauftrag, dem sich politische Parteien ja per Definition verschreiben, unterliegt so der Sittenwacht. Und das ist tatsächlich ein Problem.

Es stimmt ja: Mit der SPD, wie sie sich nun seit Jahren aufstellt und wie sie sich zwischen zögerlicher Kritik an neoliberalen Rezepten und Lobhudelei für Gerhard Schröder und dessen Agenda 2010 einnistet, ist es ein Trauerspiel. Zwar stellen die Genossen immer wieder klar, dass man sich der jüngsten Vergangenheit stellt, sie aufarbeitet und Fehler beim Reformprojekt schonungslos aufdeckt. Doch wenn überhaupt, dann wird in der SPD lediglich geklittert – nicht aber geklotzt.

Man kann deshalb schon verstehen, wenn sich mancher Linker abwendet und sagt: *Nee, lieber nicht, lieber nochmal Opposi-*

tion. Aus einem ersten Impuls heraus ist die Reaktion nachvollziehbar. Je mehr man allerdings darüber nachdenkt, desto klarer wird einem aber, dass eine linke Alternative sich weitere Jahre unter neoliberaler Richtlinienkompetenz im Kanzleramt nicht leisten kann. Nochmal und nochmal und nochmal vier Jahre dieser Angebotsökonomie vom Feinsten gefährden die Demokratie massiv. Rechte Alternativen lauern schon, machen sich im Bundestag breit – mit Sonntagsreden hält man sie nicht auf. Wenn nicht schnell was geschieht, wenn die Menschen keine Perspektiven erblicken und wenn sie weiterhin von der sozioökonomischen Partizipation ausgeschlossen bleiben, wenn es einfach *weiter so* geht, dann reiben sich die Rattenfänger die Schalmeipfeiferfinger.

Deutschland lebt von seiner Substanz. Und die Zeche bezahlen die Menschen, die ihre Arbeitskraft zu Markte tragen müssen. Und die ihre Stimme in einer marktkonformen Demokratie einbringen müssen, die für Partizipation aufgrund ihres Naturells nicht unbedingt so viel übrig haben. Es muss zwangsläufig zu einem Regierungs- und letztlich Kurswechsel kommen. Und diese Kursänderung kommt eben nur, wenn die Linkspartei grundsätzlich koalitionsbereiter ist. Wie das gehen soll mit diesen schröderianischen Sozis, die die Agenda 2010 verteidigen?

Den Linken fehlt es manchmal schlicht an Selbstvertrauen. Zum Beispiel, als Ramelow meinte – und wie oben schon behandelt wurde –, die Mitgliedschaft Deutschlands in der NATO sei momentan nicht unsere größte Sorge. Das könne man ja mal hintanstellen. Da rumorte es unter Linken: Man müsse doch verdammt noch mal raus aus der NATO. Und wenn mögliche Koalitionspartner das nicht auch so sehen, dann könne man da halt nicht zusammenkommen. Wenn aber doch die Linkspartei Teil einer Regierung ist, dann beeinflusst sie doch auch die deutsche Rolle innerhalb der NATO. Wer immer nur raus will, der kommt ja nie rein, um etwas zu verändern oder wenigstens neu zu prägen. Das ist wirklich ein Akt fehlenden Vertrauens in die eigene Stärke. Und das ist in Zeiten wie diesen, da rechte Positionen mehr und mehr an politischem Einfluss gewinnen, eine gefährliche Schwäche.

Ähnlich ist es bei jeder Debatte um ein hie wie da mögliches Rot-Rot-Grün. Man kann jedoch als kleiner Koalitionspartner sehr wohl seinen Willen durchboxen. Nicht immer, nicht überall. Aber Demokratie ist ja ohnehin ein fortwährender Kompromiss. Insofern ist das in Ordnung. Wie man das als kleiner Partner macht? Das konnte man im Kabinett Merkel III von 2013 bis 2017 ganz gut vom kleinen Partner abgucken. Nein, nicht von den Sozialdemokraten: von der CSU! Was die alles durchgesetzt hat – es konnte gar nicht irrational genug sein, man redete es den Bayern trotzdem nicht aus. Einerlei, wie vermessen man aus München tönte: Man hat jedem potenziellen Juniorpartner vorexerziert, wie man diese Rolle ausspielen kann. Man muss einem möglichen Kanzler der Sozialdemokraten eben Paroli bieten, ihn erinnern, wie wichtig man in einem solchen Bündnis ist und so den neoliberalen Kurs sukzessive eindämmen. Das wird wie gesagt nicht immer gelingen. Aber gerechter als das, was wir heute erleben, dürfte es dann schon ablaufen.

Vorausgesetzt natürlich, die Sozialdemokraten sind denn koalitionsbereit. Was sie ja meistens nicht sind. Solange sie aber noch halbwegs mit Willen zur Macht bei Trost sind, dürfen auch sie die Linken als Partner nicht a priori ausschließen. Und genau das sollte den Linken das nötige Vertrauen geben, offen als prägende Kraft in eine vermeintliche Koalition zu gehen.

Alles andere aber, die generelle Ablehnung eines Zusammengehens aus ästhetischen Gründen, die eine weiße Weste so nach sich zieht, hat mit politischer Gestaltung im Parlamentarismus nichts zu tun. Es ist Folklore für das linksradikale Lagerfeuer. An dem zupft man Gitarrensaiten und hält Stockbrot in die züngelnden Flammen. Einen etwaigen konkreten Ansatz für die politische Praxis, so muss man annehmen, lässt sich am Feuerchen eher nicht entwerfen.

Kreativer Sozialismus: Der Rheinische Kapitalismus wäre doch ein guter Ansatz

Bei mancher linken Demo merkt man recht schnell: Der Sozialismus liegt dort noch immer für viele im Trend, um nicht zu sagen, in den Genen. Nicht als modernes Gedankengebäude freilich, sondern so, wie er sich als real existierender einst gezeigt hat. Man schwenkt Fähnchen mit Hammer und Sichel, sieht T-Shirts, auf denen Marx hinter Engels hervorlugt, der wiederum hinter Lenin lauert. Und man schwelgt in sowjetischen Erinnerungen, die zwar keinem der Anwesenden selbst widerfahren sind, die sie sich aber im besten Falle irgendwo mal angelesen haben. Dazu ein bisschen Trotzki hier, ein wenig Mao dort und wenn man ganz viel Glück hat, hört man jemanden ausführen, wie der Prager Frühling das Ende des Ostblocks in die Wege leitete – diese tschechoslowakischen Abweichler. Wenn es für diese These schon keine materialistischen Argumente gibt, so doch idealistische: Denn indem man die Sowjets zu Gewalt zwang, habe man die Sowjetunion als Paradies der Faust- und Stirnarbeiter der westlichen Jugend ordentlich vergällt. Die neuen Linken hatten dann ja auch ein Problem mit Moskau, auch wenn sie die Russen immer wieder gerne rhetorisch heranzogen, um die hiesigen Atlantiker in Angst und Schrecken zu versetzen.

In der Vorstellungswelt jener Sozialismusromantiker steht der große Umsturz noch immer bevor. Man strebt rhetorisch an, das Alte ohne viel Federlesens zu beenden – Revolution halt, sie ist ein romantischer Topos für traurige Realitäten. Da muss es dann mindestens ein Neubeginn unter völlig anderen Prämissen als den aktuellen sein; keine Kompromisse mehr, alles wird neu, alles anders, alles besser.

Solche Vorstellungen sind fürwahr ausgezeichnet in der Literatur oder für das Kino. Sich eine Welt zu imaginieren, die wirklich anders tickt: Das ist nicht nur spannend, es weckt die ganz normale Neugier des Menschen auf das, was noch nicht ist – man könnte es als ein menschliches Bedürfnis betrachten. Und so kann diese Gabe durchaus auch ein Antrieb für politisches Engagement sein, niemals aber das erklärte Ziel politischer Arbeit. Denn wenn Politik die Kunst des Möglichen ist, so tut man gut daran, Schritt für Schritt zu tun, um Mögliches möglich zu machen und neue Möglichkeiten zu eröffnen. Wenn es aber für die Utopie keine Möglichkeit ad hoc gibt, kann man sie nicht erzwingen – so bringt man sich ins politische Abseits. Das ist der Ort, an dem man politisch kaltgestellt ist, ohne Handlungsrahmen darbt und sich vom politischen Menschen zum Outsider verbiestert.

Ein realpolitischer Ansatz, der nicht zwischen den Extremen pendelt, also entweder dem totalen Markt oder aber der romantisierten Planwirtschaft, bräuchte einen kreativen Anschub – eine kreative Symbiose vielleicht sogar. Einen solchen Gedankenansatz hat vor einigen Jahren Sahra Wagenknecht in ihrem Buch *Freiheit statt Kapitalismus*[5] behandelt. Sie kam dabei zu dem Urteil, dass man zunächst nicht den völligen Umsturz brauche, man habe ja quasi schon alles, was ein gerechteres System verspreche: der ehemals Rheinische Kapitalismus, der sich als soziale Marktwirtschaft begriff, in der der Ordoliberalismus die Belange zwischen Angebot und Nachfrage, zwischen Arbeitgeber und Arbeitnehmer nicht planwirtschaftlich, sondern durch Rahmensetzung regulierte.

Obgleich Sahra Wagenknecht in der Öffentlichkeit gerne als Vertreterin der kommunistischen Plattform ihrer Partei vorgestellt wird, versuchte sie hier »Erhard reloaded«, wie sie selbst in ihrem Buch schrieb. Und obwohl sie hier im Begriff ist, einer realistischen Neuausrichtung der Wirtschaft Gehalt zu verleihen, musste sie natürlich von den befindlichkeitskommunistischen Jüngern der Linken zu hören bekommen, dass sie irrlichtert, weil sie hier mit Erhard argumentierte, wo doch mindestens Marx, wenn nicht gar ein ordentlicher Schuss Lenin notwendig sei.

Dabei legte Wagenknecht dar, dass die Reaktivierung der sozialen Marktwirtschaft alleine nicht ausreiche. Sie sei gewissermaßen das Fundament, auf dem man kreative neue Wege anlegen sollte. Man müsse das Rad also nicht ganz neu erfinden – man müsse jedoch auch nicht die ewiggestrigen Parolen ausgeben. Was aber nötig würde, wäre ein kreativer Schub, neue Instrumente zur Schaffung sozialer Gerechtigkeit. Wagenknecht zählt hierbei eine Vermögens- und zudem eine angepasste Erbschaftssteuer, Sperrminoritäten für die öffentliche Hand in großen Unternehmen und Belegschaftsstiftungen auf.

Die soziale Marktwirtschaft hat demnach nicht abgewirtschaftet, sondern sie muss erneuert und vollendet werden. Sie war also ein guter Start, ein richtiger Einstieg in eine gerechtere Gesellschaft. Dass man den Pfad verlassen habe, meint Wagenknecht in ihrem Buch, sei ein gravierender Fehler gewesen. Ihr »kreativer Sozialismus« will auf mehr hinaus als bloß Markt, will aber auch keinen planwirtschaftlichen Sozialismus, denn es gebe »Marktwirtschaft ohne Kapitalismus und Sozialismus ohne Planwirtschaft«.

Hammer und Sichel, diese Utensilien roter Folklore, können ja genau das bleiben: Karnevalstand. Für eine politische Aussage sind sie nicht mehr zu gebrauchen, es gibt kein Zurückdrehen der Zeit. Leider sind unter den Fundi-Linken viele, die noch immer im Gestern die Lösungen von heute wittern – und twittern. Ewiggestrige Parolen sind aber keine Rufe in die Zukunft. Sinnvoll ist es auch hier, evolutionär aufzubauen, vormalige Entwicklungen heranzuziehen und sie auf Zukunftsfähigkeit zu überprüfen.

An der Stelle muss man sich die Frage gefallen lassen: Was hat die Planwirtschaft des real existierenden Sozialismus für attraktive Versatzstücke für eine moderne linke Politik? Tatsächlich bleibt da nicht viel, wenn man in medias res geht. Sie fixierte sich auf Ziele, das ist schon klar. Es waren sogar sehr gerechte Ziele. Fünfjahrespläne. Konstante Brötchenpreise. Rentnerspeisung in Betriebskantinen. Aber sie liebten doch alle Menschen. Nur auf welche Weise man sich dorthin manövrierte: Das ist nichts, was der Wiederholung würdig wäre. Man picke sich aber das Gute heraus und lasse es in einen neuen Kurs einfließen.

Es ist überdies ein Treppenwitz des linken Retro-Fundamentalismus, dass man Hartz IV mit offenem Vollzug und Reichsarbeitsdienst gleichsetzt, aber das Wirtschaftssubjekt im Sozialismus (ausgestattet mit einem Dienstbüchlein und begutachtet durch ein Kontrollsystem, teilweise in Arbeitsverhältnisse gezwungen, in die man gar nicht wollte) als leuchtendes Beispiel höherer Gerechtigkeit bejubelt. Auch wenn beides nicht vergleichbar ist: Mehr bewertende Fairness täte not.

Dann wäre man vielleicht auch offener für eine Melange aus Erhard und stärkerer Umverteilung, wie Wagenknecht es vor Jahren vorschlug.

Frugaler, unaufgeregter, entspannter: Attraktiv für Jürgen werden

Als Halina Wawzyniak, Bundestagsabgeordnete der Linkspartei, einen Monat vor der letzten Bundestagswahl frisch und frei von der Seele weg in ihr Netzwerk zwitscherte, dass sie die SED rückblickend für eine rechte Partei halte, entbrannte flugs eine Debatte in 140 Zeichen. Endlich sage es mal jemand, riefen die einen – die anderen waren hingegen ganz aufgewühlt. Was sollte denn bitte sehr das? War Honecker, dieser leichenblasse Furzknotenfunktionär des Sozialismus etwa ein Rechter, der an und für sich rechtmäßige Nachfolger Adolf Hitlers und sein treuer Menschenliebhaber Erich nur eine Neuauflage vom treuen Heinrich Himmler?

Die Debatte hatte freilich so viel Informationsgehalt wie Kamillentee Nährwerte: Man schmeckte zwar was, aber so fade, dass man demnächst doch lieber wieder Kaffee zu sich nimmt. Aufgeregt und emotional war diese Debatte dennoch. Alle teilnehmenden Twitteraccounts gerieten in Wallung, wie in unzähligen anderen Debatten zu politischen Themen auch. Ob nun in Netzwerken oder auf herkömmlichem Wege: Am linken Rand ist immer eine gewisse Nervosität dabei, etwas Reißerisches im Unterton, das jeden potenziellen Adressaten sofort vergrätzt oder zumindest doch zunächst mal auf Abstand gehen lässt. Man reitet entweder auf Nichtigkeiten herum oder forscht endlos nach Schuldigen, wo sich die Menschen Antworten oder neue Vorschläge wünschen. Wenn Hartz-IV-Leistungsberechtigte über zu niedrige Regelsätze klagen, dann ist es zwar irgendwie tröstlich, dass da besonders belesene Exemplare aus dem linken Spektrum den Kapitalismus als Ursache dieses nicht kontodeckenden Übels entlarvt haben. Aber eine Lösung im Sinne des Wortes ist das ja nun gerade nicht. Man sollte intellektuelles Gehabe gar nicht erst mit Solidarität verwechseln – oder gar mit Empathie, die es erlauben würde, sich in die Situation von Arbeitssuchenden einzufühlen.

Man kann sich sicher sein, dass es diese gewissen linken Attitüden sind, von denen ja in diesen Zeilen bislang mehr oder weniger die Rede war, die manchen Menschen da draußen abschrecken. Die Menschen sind nicht per se Linke, sie identifizieren sich im Regelfall nicht mit politischen Richtungsangaben. Aber bestimmte linke Idealvorstellungen überdauern ja die politische Ausrichtung, das heißt, sie haben sich über diese Grenzen hinweg als etwas manifestiert, was lohnenswert wäre. Kein normal tickender Mensch und Arbeitnehmer, der sein Brot im Schweiße seines Angesichts verdienen muss, freut sich ernstlich darüber, wenn die soziale Schere weiter auseinanderklafft. Kein normal arbeitender Mensch freut sich, dass er in eine Rentenversicherung einzahlt, die per parallel geschalteter Privatrente an Substanz verliert. Darüber können sich nur solche freuen, die zu den Gewinnern dieser Entwicklung gehören. Und nicht mal unter diesen Profiteuren sind alle darüber erfreut. Auch da gibt es Individuen, die hier von einer Fehlentwicklung sprechen. Der Sozialstaat sichert ja nicht nur die Existenz von Leistungsberechtigten, sondern gleich noch den sozialen Frieden.

Man muss ja nicht Linker sein, um linke Vorstellungen gut zu finden. Manchmal reicht es schon, ein bisschen bei Verstand zu sein, weniger polemisch ausgedrückt: Ein bisschen Gerechtigkeitssinn aufzuweisen kann nicht schaden, um manches linke Gedankengut als Bombenidee zu betrachten.

Leider stehen viele Linke diesen Betrachtern linker Ideen im Wege. Ihr bombastisches Gepränge, die nervös zuckende Art und diese Verkrampfung bei mancher Diskussion, sind aktive Abschreckungsmechanismen. Besser wäre es frugaler, unaufgeregter und entspannter.

Die belgische Politikwissenschaftlerin und Post-Marxistin Chantal Mouffe sprach sich für einen linken Populismus aus[6], der im Grunde von den rechten Populisten lernt. Die hielten es gewollt einfach, ja eben frugaler. Linke kommen zu oft verkopft daher, zu kompliziert, ermüden Zuhörer. Ein linker Populismus muss also mit Schlagworten um die Sache ringen, unterlässt komplexe Handlungsstränge und mobilisiert so die Massen für die eigene Politik. Möglicherweise macht es sich Mouffe zu einfach. Natürlich stimmt es, dass viele Linke abschrecken, manche – wie wir gesehen haben – tun das kalkuliert, sie wollen Avantgarde sein und Bürgerschreck spielen. Ob die Lösung globaler Probleme und verworrener Zustände nun mit einem *»Simplify our lives«* zu bewerkstelligen ist, sei mal dahingestellt. Man kann es sich im wahrsten Sinne des Wortes auch zu einfach machen.

Wenn es aber doch am linken Rand ein bisschen weniger emsig zuginge, weniger aufgeregt, wenn man sich mit moralischen Bewertungen zurückhielte, dann wäre ein Andocken von Leuten wie den mehrfach von mir erwähnten Jürgen durchaus denkbar. Nein, der Mann wird nie ein richtiger Linker, er wird immer Marx als Urvater diverser Massenmorde einschätzen, dazu wurde er zu lange in der alten Bundesrepublik gegen die Verfangstrategien des Klassenfeindes sozialisiert. Das kriegt man nicht mehr so einfach aus ihm heraus. Aber er ist absolut für Gerechtigkeit, für soziale Absicherung und für Frieden. Als harmonischer Mensch kann er sich einfach nicht vorstellen, so in einen Clinch zu geraten, dass er zu kriegerischen Mitteln greifen könnte.

Aber dann trifft er doch mal auf einen Hardliner von links, auf einen, der an einer Hand fünf mahnende Zeigefinger hat, der überheblich auf ihn und seine kleinbürgerlichen Anflüge herabschaut und von Utopia zu Moralia switcht wie andere Leute von RTL zu RTL 2 – und schon fühlt er sich unwohl, glaubt er sich auf fremdem Boden, wähnt sich nicht mehr willkommen und verwechselt eine eher moderate Linkspartei mit diesen Linken. Vielleicht sollte man zynisch vorschlagen, dass die Linkspartei ihren Namen ändern sollte, um besser Land zwischen sich und der Peripherie zu bringen.

Wenn Jürgen Politikern der Linkspartei dabei zusieht, die solche Krawalle wie jene im Juli 2017 in Hamburg zum G20-Gipfel zwar nicht eindeutig rechtfertigen, aber doch ganz süffisant herunterspielen und als Marginalie abtun, als logische Konsequenz aus verfehlter Weltpolitik, dann staunt er nicht mehr, dann fällt er eine Entscheidung. Er wählt eben nichts, was linke Perspektiven versprechen könnte. Da bleibt er bei dem, was er hat und kennt: Gibt eine Stimme für Merkel. Dann machen wir halt weiter so – weil man auch im linken Lager weiter so macht und sich nicht adäquat von diesen Linksaußen absondert.

Der Erfolg dieser Frau hat viel mit dem Versagen der Sozialdemokraten zu tun, mit deren neoliberalem Change. Aber auch damit, dass es die Linke über Jahre nicht schaffte, sich als Alternative anzubieten. Jeder Anflug von Avantgardismus im linken Lager ist eine geschenkte Stimme für den Merkelismus. Er treibt die Jürgens der Republik in die Arme einer Frau, der sie zwar nicht viel zutrauen, die aber neben manchem linken Betonkopf immer noch wie eine freundliche alte Dame wirkt – trotz unfreundlicher und unerfreulicher Politik.

Die Verbiesterung am linken Rand ist jedenfalls keine Alternative für Deutschland.

Weil links und rechts eben doch keine überkommenen Kategorien sind

»Links, rechts – diese Unterscheidung wird
täglich dümmer. Wer kommt noch mit ihr aus?

– Kurt Hiller –

Was waren die letzten zweihundert Seiten doch alles für ein selten dummes Gequatsche über die Linke. Die gibt es doch gar nicht mehr, oder nicht? Jedenfalls wenn man mancher Stimme aus dem Orkus sozialer Medien glauben mag, könnte man diese Vermutung anstellen. Rechts und links, so liest man dort nicht so selten, seien überkommene Begriffe. Man brauche sie nicht mehr. Sie begründen diese Einsicht damit, dass man mit Ideologie heute keine globale Politik mehr betreiben könne. Was an sich ja stimmt. Ideologisch darf man nur äußerst bedingt vorgehen. Aber deswegen so tun, als ob es keine politischen Richtungsangaben mehr gibt – oder gar so tun, als seien rechts und links dieselbe Erscheinung: Das dürfte über das Ziel hinausschießen.

Natürlich gibt es Unterschiede und natürlich spielen die Richtungen noch immer eine Rolle. Hinter jeder politischen Absicht steckt ein gewisses Welt-, Gesellschafts- und Menschenbild, auf dessen Grundlage man Politik begreift. Die zu kennen, sie als Basis politischer Entscheidungsfindung immer im Hinterkopf zu behalten ist ein wesentlicher Aspekt der Wahrnehmung. Es ist

nämlich durchaus ein Unterschied, ob die Linke gegen unge-
bremste Einwanderung ist, weil sie argumentiert, man müsse
Not und Armut viel stärker dort bekämpfen, wo sie Menschen
zur Auswanderung bewegt. Oder ob die Rechte das fordert, weil
sie darin eine Überfremdung und rassische Gefährdung wittert.
Ein Umstand, den der Soziologe Stephan Lessenich mal galant
überspielte, als er in einem Artikel[1] den Zustand der Linkspartei
nach der letzten Bundestagswahl analysierte und aufdröselte,
was Lafontaine zum Thema Einwanderung, Asyl- und Sozialpo-
litik »wirklich sagte«. Als Dolmetscher zwischen dem, was ver-
nommen wurde und dem, was gemeint gewesen sein könnte,
arbeitete er sich an der Gleichsetzung linker Auseinandersetzun-
gen zu diesem Themenkomplex mit den Rechtspopulisten ab. Es
ist ja schön zu sehen, dass sich manche Menschen diese doch so
komplizierte Welt immer noch recht einfach halten. Blöd nur,
wenn das auf Kosten der Differenziertheit geht.

Die Resultate mögen in beiden Fällen ja durchaus annähernd
dieselben sein, die Absichten dahinter sind es ganz und gar
nicht. Man kann also absolut nicht pragmatisch so tun, als zähle
nur das Ergebnis. Zwar bewertet man nach Ergebnissen, aber
auch der Weg ist manchmal ein Ziel. Insofern gibt es zwischen
rechts und links sehr wohl einen Unterschied – und es wird ihn
so lange geben, wie Menschen verschiedene Welt-, Gesell-
schafts- und Menschenbilder pflegen. Ein Auslaufmodell sind
die Richtungsangaben also mitnichten.

Wobei man zugeben muss, dass es dieser Tage gar nicht so
einfach ist, zwischen den Polen zu unterscheiden. Vor einiger
Zeit habe ich zum Beispiel jemanden kennengelernt. Einen
Mittfünfziger, der mir sofort sympathisch war. Es fiel mir als
einer dieser Gute-Laune-Menschen auf, die selbst dann noch
positiv sind, wenn das Negative schon verbiestert durchs Fenster guckt. Wir fanden so ein bisschen ins Gespräch. Manchmal
bestätigen sich Klischees, dachte ich mir nach einer Weile. Lan-

ger Bart und Pferdeschwanz waren also doch ein Beleg dafür, dass da eher »was Linkes« in ihm schlummerte. Wir philosophierten über Flüchtlingspolitik und darüber, wie der Westen durch seine globale Agenda nun mit Terror und Asylsuchenden konfrontiert würde. Er sagte, das sei die Saat, die wir selbst in den Boden gelegt hätten. Schlimm fand er außerdem die Hetze gegen Flüchtlinge und Ausländer ganz generell. Er habe nie Probleme mit Menschen aus anderen Ländern gehabt. Ich fand ihn rundherum angenehm. Für jemanden aus der Provinz hatte er absolut progressive und liberale Ansichten. An dieser Stelle hätten wir das Gespräch beenden sollen. Haben wir aber nicht. Er schob nach: »Die Flüchtlinge haben wir den Amis zu verdanken, sie wollen uns schwächen.« Und dann empfahl er mir eine Website.

Später am Abend wühlte ich in meinem Postfach. Und sieh an, er hatte mir den Link dorthin schon geschickt. Die Sache schien ihm also wichtig zu sein. Ich klickte es an und fiel halb vom Sessel. Es ging darum, dass Deutschland ja faktisch gar nicht existiere, es gäbe keinen Friedensvertrag, und die Amerikaner würden Deutschland als GmbH weiterführen. Deutsche Politiker seien nur Angestellte des amerikanischen Präsidenten. Und Europa sei als Diktatur geplant. Natürlich hätten auch da die Amis ihre Finger im Spiel. Als Experte zogen die Macher der Website Karl Albrecht Schachtschneider zu Rate. Jenen einschlägig bekannten Mann, der schon mal bei Veranstaltungen mit rechtsextremem Hintergrund zu sehen war. Für die »Bürgerbewegung pro Köln« beispielsweise, die vom Verfassungsschutz als rechtsextrem eingestuft wird. Außerdem trat er für die NPD und die österreichischen Rechtspopulisten der FPÖ auf. Die konservativ-rechtsextreme Zeitung *Junge Freiheit* bezieht sich nach wie vor oft und gerne auf ihn – und in einem Interview mit dem Magazin *Cicero* sagte Schachtschneider mal, dass es keine mediale Opposition mehr gebe, nur die *Junge Freiheit* eigne sich noch dafür. Auch hat er schon für *Die Aula*, ein rechtsextremes Blatt österreichischer Burschenschaften, geschrieben.

Auf so einen Mann baute mein neuer Bekannter also sein »linkes Weltbild«. Schon die Autorin des *Cicero*-Interviews urteilte: »Wenngleich viele seiner Argumente auch von linken Europa-Kritikern vorgetragen werden könnten, sind Schachtschneiders Sympathien mit dem rechten Rand offenkundig.« Bei dem mir kurzzeitig bekannten Gute-Laune-Menschen bestätigt sich das. Seine sicher nicht auf Hass und Menschenverachtung aufgebaute Weltanschauung ist kompatibel mit den pseudolinken Ansätzen dieses Experten und gleichzeitig auch noch mit dem Anti-Staatstragenden der Reichsbürger. Und als ich da so stöberte, dachte ich plötzlich an Xavier Naidoo, der sich ja von links oft anhören muss, er sei Rechter, während die Rechten ihn irgendwie als schmierigen Gutmenschen abkanzeln. Der Mann aus Mannheim ist bestimmt kein Rassist. Er hat viel Unsinn verzapft – Themen aus der verschwörungstheoretischen Ecke, garniert mit reichsdeutschem Unfug. Offenbar wähnte er sich auf der sicheren, auf einer eher linken Seite. Dass er in dem Augenblick einer dieser »rechten Leute von links« war, ging ihm wahrscheinlich gar nicht auf.

Es ist offen gesagt ziemlich schwer geworden, immer gleich zu erkennen, ob die »oppositionellen« Beiträge zum Angriff auf den Mainstream anrüchig sind oder nicht. Vieles klingt anfangs richtig, widerspenstig, gegen die EU, gegen dieses profitorientierte Deutschland, gegen den Kapitalismus – aber nach und nach merkt man doch, dass der Antrieb dahinter aus einer anderen Ecke kommt. Da kann man sich mit Differenzierungen schon mal schwertun und ehe man sich versieht, geht man doch den rechten Menschenfängern ins Netz.

Links und rechts zu unterscheiden ist schwieriger geworden. Es gibt Rechte, die den Sozialstaat verteidigen und es gibt Linke, die irgendwelchen Verschwörungstheorien nachjagen, die man eigentlich nur in eher rechten Kreisen teilt. Dann gibt es Leute, die tunlichst Wert darauf legen, dass sie weder das eine noch das andere sind. Man sagt ja, dass wir in einer Zeit leben, in der es an Identitäten mangelt. Das trifft wohl auch hier zu.

Diese Schnittmengen an Themen, die es zwischen Linken wie Rechten gibt, sollten aber auf keinen Fall darüber hinwegtäuschen, dass es eben keine Abschaffung von links und rechts gibt. Denn die Europakritik der Rechten, wie oben erwähnt, hat einen völlig anderen Antrieb als jene der Linken. Wo die einen den Staatenbund als Bevormundungsinstrument bezeichnen, als Anschlag auf die deutsche Autonomie und auf deutsche Volksinteressen, haben die anderen Probleme damit, wie die Europäische Union sich als nicht komplette Union in einen krisenhaften Dauerausnahmezustand manövriert. Wenn aber beide, Rechte wie Linke, einheitlich behaupten, dass in Brüssel auch viel Bürokratenschwachsinn fabriziert wird, trifft das zwar zu. Aber diese kleine Schnittmenge ist nun wahrlich kein Beleg dafür, dass das politische Richtungsspektrum seinem Ende entgegengeht.

Dass das vielerorts jedoch geglaubt wird, hat auch viel mit der Spezies zu tun, um die es hier ging: mit den besonders linken Linken, den Fundamentalisten und ihren Eskapaden. So, wie sie auftreten, zwingen sie einem manchmal geradezu die Erkenntnis auf, dass sie aus der Zeit gefallen sind und den Anschluss verloren haben. Allerdings sind diese antiquierten Exemplare nicht repräsentativ. Solange das aber gesellschaftlich geglaubt wird, kann man für ein linkes Change in der Politik nur schwarzsehen. Und genau diese Schwarzen und ihre Amigos in der Wirtschaft sind es dann auch, die davon profitieren. Zum Leidwesen einer gerechteren Gesellschaft.

Was ist also das richtige Links in diesen Tagen? Wie kann man das Linke zeitgemäß präsentieren? Das wäre an sich eine Frage für ein weiteres Buch. Daher sei es nur kurz umrissen. Mit einem Rückzug in die Unantastbarkeit der Theorie, mit moralischer Bevormundung und perspektivischer Vermessenheit, die Menschen an die eigene Systemvorstellung anpassen will und nicht andersherum, schärft man jedenfalls keine Kontur für ein linkes Alternativangebot. Man begeht außerdem regelrecht fahrlässig Realitätsverweigerung, wenn man die komplexen Lebensrealitäten ausblendet und sie zu allem Überdruss auch noch mit arroganten Imperativen verhöhnt, die den Menschen unvermittelt an den Kopf werfen, sie seien halt einfach nur zu blöd für linke Ideen und deswegen nichts weiter als ewiggestrige Entwicklungsbremsen.

Links zu sein kann heute nicht mehr bedeuten, sich in den Kommunismus als Parallelsystem flüchten zu wollen. Man muss die Welt annehmen, wie sie ist und sie dann peu à peu verändern. Wir leben nicht mehr in Zeiten, da die Menschen nur Ketten zu verlieren haben. Es steht für jeden dann doch etwas mehr auf dem Spiel. Daher können Veränderungen nur soft gelingen. Das sollte man links berücksichtigen.

Die linke Perspektive ist freilich kein Wundermittel, kein Garten Eden, der auf alles eine sinnige Antwort kennt. Linkssein heißt explizit zu zweifeln. Auch an dem, was man fest zu wissen meint. Besonders das unterscheidet vom Rechten an sich. Denn unter Rechten kennt man sein Weltbild, man hat es sich in seiner ganzen Traurigkeit fein geordnet, die Rollen strikt und starr verteilt. Gut und Böse sind dort noch prägende Kategorien. Wenn die Linke eine Chance haben will, sollte sie denselben Fehler auf ihre eigene Weise nicht auch machen. Sie muss immer wieder zweifeln – auch und vor allem an dem, was sie zu wissen sicher ist. Dem Dogmatismus gehört stets aufs Neue eine Abfuhr erteilt.

Nachwort

Während das Manuskript zu diesem Buch heranreifte, lieferten mir die linken Linken da draußen im Lande immer wieder Futter. In jenen Momenten, da ich wie jeder Autor in Zweifel geriet, ob es denn vielleicht eher an mir selbst als an denen liege, dass ich mich im linken Lager mittlerweile so unwohl fühlte, ob ich vielleicht übertreibe oder Gespenster sehe, waren diese Augenblicke, da sich »meine Gattungsgenossen« nicht mit Ruhm bekleckerten, ganz prägnante Bestätigungen meiner Wahrnehmung. Dafür möchte ich mich bei den Akteuren recht herzlich bedanken. Ihr habt mich wirklich immer dann aufgebaut, wenn es bitter nötig war. Man darf deswegen wirklich annehmen, dass diese hilfsbereiten Leute das Herz am linken Fleck tragen.

In die Zeit des Manuskripts fielen die Ausschreitungen linker Fundamentalisten beim G20-Gipfel in Hamburg, der Schulz-Hype und die Diskussionen, ob die Partei der Linken koalieren sollte. Mehrfach warf man diversen Mitgliedern der Linkspartei Rassismus und Rechtsruck vor und erklärte solche, die verstehen wollten, warum die Menschen die AfD wählen, zu Naziverstehern und faschistischen Trommlern.

Zu guter Letzt kokettierte Katalonien mit der Abspaltung von Spanien und linke Fundis verfielen in Revolutionsgeheul und bemühten mal wieder analytische Extraklasse, indem sie Kleinstaaterei zum probaten Mittel im Kampf gegen die Auswüchse dieses Kapitalismus erklärten.

Und noch was fiel in diesen Zeitraum: Ich traf mich kurz nach der Bundestagswahl mit meinem mittlerweile Ex-Kollegen Jürgen. Jammern wollte er nicht, ihm gehe es ja noch ganz gut. Aber natürlich sah er, dass hier etwas weiterhin schiefläuft. Voller Verachtung sprach er von der Bundeskanzlerin, sie habe so viel falsch gemacht, sei eine müde alte Frau ohne Visionen. Er wolle als Mensch und Bürger Deutschlands Menschen in Not helfen, aber man könne doch nicht wahllos die Grenzen öffnen. Mit noch mehr Verachtung sprach er dann von der AfD. Eine solche Partei sei eine Schande, Rassisten hasse er wie die Pest.

Über die Linken sprach er wenig, er erwähnte Sahra Wagenknecht, die er fast ein bisschen vergöttert und ihrem Oscar ausspannen würde, und die linken Spinner aus Hamburg, die ihm mal wieder klarmachten, dass man mit Linken einfach nicht gut Kirschen essen könne.

Dann rückte er näher, er sage mir jetzt mal, wen er gewählt habe. Eine kurze Pause entstand.

»Na, wen denn?«, fragte ich ihn neugierig. »Die Merkel«, antwortete er.

Wir schwiegen, nippten am Pils.

»Aber das war ein schlimmer Fehler«, ließ er mich noch wissen.

Wenigstens sah er das ein. Ich sagte wenig darauf. Nicht weil ich beleidigt oder erschüttert war. Ich nippte gedankenverloren an meinem Glas und mir war wieder mal klar: Das Vorhaben dieses Buches ist kein Fehler – es gibt Bedarf. Nicht ich spinne, die Adressaten in diesem Buch tun es.

Ich tätschelte Jürgens Schulter und bestellte noch ein Bier. Soll ich beleidigt sein, weil er aus Alternativlosigkeit die Alternativlose wählt? Die Schuld liegt woanders. Dieses Buch war der Versuch einer Schuldzuweisung. Es ist nicht die ganze Wahrheit über die Linke. Wer hat die schon? Es ist nur eine Wahrheit.

Anmerkungen

Einleitung: Alerta, alerta Antifa!

1 Helmut Schmidt verglich Oskar Lafontaine am 14. September 2008 in der *Bild am Sonntag* mit »Adolf Nazi«, wie er sich ausdrückte. Noch am selben Tag griff der Publizist Roland Tichy diese Vorlage im Presseclub auf und unterstrich damit, dass die Demokratie in Gefahr sei.

2 Hans-Olaf Henkel mahnte am 19. September 2007 an, dass die Rhetorik Oskar Lafontaines jener der Nationalsozialisten gleiche. Online unter: https://www.welt.de/politik/article1195626/Henkel-wirft-Lafontaine-Nazi-Sprache-vor.html

3 Schirrmacher, Frank: »Ich beginne zu glauben, dass die Linke recht hat«, 15.8.2011, online unter: http://www.faz.net/aktuell/feuilleton/buergerliche-werte-ich-beginne-zu-glauben-dass-die-linke-recht-hat-11106162.html, abgerufen am 15. Juni 2017

4 Berger, Jens: Mit freundlicher Unterstützung der Rosa-Luxemburg-Stiftung, nachdenkseiten.de, online unter: http://www.nachdenkseiten.de/?p=33587, abgerufen am 12. Juni 2017

5 Rickens, Christian: *Links! Comeback eines Lebensgefühls*, Berlin, 2008

6 Aly, Götz: *Unser Kampf. 1968*, Frankfurt am Main, 2008

7 Fleischhauer, Jan: *Unter Linken. Von einem, der aus Versehen konservativ wurde*, Hamburg, 2009

Kein Gespenst geht um

1 Laut einer Studie von TNS Infratest, die das Bundespresseamt im Jahr 2013 in Auftrag gab, handelt es sich bei Studenten um eine konservative Gruppe. Nur 45 Prozent gaben an, sich für Politik zu interessieren. 73 Prozent der Befragten zeigten sich hingegen stark konsumorientiert.

2 Crouch, Colin: *Das befremdliche Überleben des Neoliberalismus. Postdemokratie II*, Berlin, 2011

3 Der Philosoph Peter Sloterdijk zum Beispiel regte an, dass Zwangssteuern explizit für Reiche abgeschafft werden sollten, um sie durch ein System freiwilliger Zahlungen zu ersetzen.

4 Innenminister erhebt Vorwürfe gegen Linkspartei, faz.net, online unter: http://www.faz.net/aktuell/rhein-main/blockupy/peter-beuth-sieht-mitverantwortung-der-linke-13508178.html, abgerufen am 18.Oktober 2017

5 In seinem Werk *Ich und Du* von 1923 versucht Martin Buber, die zwischenmenschliche Wahrnehmung mittels Chassidismus, Meister Eckhart und frühem Existenzialismus zu ergründen.

6 Gabriel erklärte etwa zwei Monate vor der Bundestagswahl 2013 in einem Interview mit der *Mitteldeutschen Zeitung*, unter welchen Umständen eine Koalition mit der Linkspartei entstehen könnte.

7 »Meine dialektische Methode ist der Grundlage nach von der Hegelschen nicht nur verschieden, sondern ihr direktes Gegentheil. Für Hegel ist der Denkproceß, den er sogar unter dem Namen Idee in ein selbständiges Subjekt verwandelt, der Demiurg des Wirklichen, das nur seine äußere Erscheinung bildet. Bei mir ist umgekehrt das Ideelle nichts andres als das im Menschenkopf umgesetzte und übersetzte Materielle.«, MEW Band 23, S. 27

8 Fromm, Erich: *Haben oder Sein. Die seelischen Grundlagen einer neuen Gesellschaft*, München, 1976.

9 Plessner, Helmuth: *Mit anderen Augen. Aspekte einer philosophischen Anthropologie*, Stuttgart, 1982

10 Das Modernisierungskonzept vom Juni 1999, das der Öffentlichkeit unter dem Namen Schröder-Blair-Papier geläufiger war, hieß in der deutschen Ausgabe »Der Weg nach vorne für Europas Sozialdemokraten«. Im englischen Sprachraum firmierte das Papier unter dem eher unscheinbaren Namen »Europe: The Third Way«.

Fundis: Besonders linke Linke

1 Georg Elser (1903–1945), deutscher Widerstandskämpfer, scheiterte im November 1938 mit einem Bombenattentat im Bürgerbräukeller.
2 Enzensberger, Hans-Magnus, Hitlers Wiedergänger, *Spiegel* Nr. 6/1991
3 Wetzel, Wolf, Vom linken Bellezismus zum anti-deutschen Befreiungsimperialismus, *Bahamas* 38/2002
4 De Lapuente, Roberto J.: Das anrüchige Geschlecht, ad sinistram, 7. August 2010, online unter: http://ad-sinistram.blogspot.de/2010/08/das-anruchige-geschlecht.html, abgerufen am 17. September 2017
5 Eribon, Didier: *Rückkehr nach Reims*, Berlin, 2016, S. 120
6 Ebenda, S. 78 f.
7 Wer hier einen schnellen, aber eloquenten Überblick sucht, dem sei Ulrike Herrmanns *Kein Kapitalismus ist auch keine Lösung* angeraten. Speziell ab Seite 136ff., wo es heißt, »Auch ein Genie darf irren«, zeigt sie auf, dass Marx kein geheiligtes Wort hinterlassen konnte.
8 Aly, Götz, *Unser Kampf 1968 – ein irritierter Blick zurück*, Frankfurt am Main, 2008
9 Ebenda, Seite 13

Mit Narzissmus gegen Nazismus

1 Fromm, Erich, *Die Kunst des Liebens*, New York, 1956
2 Martin Walser in seiner Rede in der Paulskirche anlässlich der Verleihung des Friedenspreises des Deutschen Buchhandels am 11. Oktober 1998.
3 https://www.sozialismus.info/2005/07/11327/
4 http://www.antifa-frankfurt.org/Nachrichten/eier_auf_lafontaine.html
5 Maaz, Hans-Joachim, *Die narzisstische Gesellschaft*, München, 2012
6 Ebermann, Thomas: Die Nationale, *konkret* 3/2017
7 Hebel, Stephan: *Sehr geehrter AfD-Wähler, wählen Sie sich nicht unglücklich. Ein Brandbrief*, Frankfurt am Main, 2016
8 Goscinny, René & Uderzo, Albert: Asterix in Spanien, Stuttgart, 1973

9 Berger, Jens: Wie schlecht es um die SPD steht, zeigt auch ein Blick auf den Nachwuchs, nachdenkseiten.de, 7. Dezember 2017, online unter: http://www.nachdenkseiten.de/?p=41465#more-41465, abgerufen am 8. Dezember 2017

10 Schmitz, Stefan: Der Revolutionär aus der Fremde, stern.de, 21. November 2007, online unter: http:// www.stern.de/politik/geschichte/bahman-nirumand-der-revolutionaer-aus-der-fremde-3226336.html, abgerufen am 25. September 2017

11 Knorr, Wolfram: *Monster, Movies, Macht und Massen. Amerikanische Kultur: 200 Jahre Lust und Last*, Zürich, 2000

12 Gay, Peter: *Die Macht des Herzens. Das 19. Jahrhundert und die Erforschung des Ich*, München, 1997, zitiert nach Knorr

Linker Generationenvertrag: Altersstarrsinn sucht jugendlichen Leichtsinn

1 Ditfurth, Jutta: *Durch unsichtbare Mauern. Wie wird so eine links?*, Köln, 2002

2 Grünes Licht für Vielfalt in der Liebe, ndr.de, 15. Mai 2017, online unter: http://www.ndr.de/nachrichten/schleswig-holstein/Gruenes-Licht-fuer-Vielfalt-in-der-Liebe,ampelmaennchen104.html, abgerufen am 24. September 2017

3 Marcuse, Herbert: *Der eindimensionale Mensch*, Frankfurt am Main, 1967.

4 Nowroth, Götz; Keilbach, Miriam, Explora-Museum schließt, fr.de, 11. Oktober 2016, online unter: http://www.fr.de/frankfurt/nach-rassistischen-tweets-explora-museum-schliesst-a-305149, abgerufen am 26. September 2017

5 Popovic, Anja: »Jutta Ditfurth ist eine blöde, blöde Kuh!«, welt.de, 8.9.2005, online unter: https://www.welt.de/print-welt/article163872/Jutta-Ditfurth-ist-eine-bloede-bloede-Kuh.html, abgerufen am 29. Dezember 2017

6 Ditfurth, Jutta: Zeit des Zorns: Streitschrift für eine gerechtere Gesellschaft, München, 2009

Die Linke schafft (sich) ab

1 Ziegler, Jean: Ändere die Welt! Warum wir die kannibalistische Weltordnung stürzen müssen, München, 2015

2 Forrester, Viviane: *Der Terror der Ökonomie*, Wien 1997

3 https://www.frankfurter-stadtevents.de/Datum/26-Dezember-2017/Straenblick_20011138/

4 https://www.derkommunistischekampf.com/falscher-sozialismus-staatskapitalismus/

5 Herrmann, Ulrike: *Der Sieg des Kapitals. Wie der Reichtum in die Welt kam. Die Geschichte von Wachstum, Geld und Krisen.* Frankfurt am Main, 2013

6 Gysi, Gregor, Die Kader regieren mit, *Spiegel* Nr. 13/1994

7 »Wir müssen ja keine begeisterten Nato-Anhänger werden«, 10.7.2016, online unter: http://www.zeit.de/politik/deutschland/2016-07/bodo-ramelow-rot-rot-gruen-sahra-wagenknecht-thue ringen-nato

8 In seinem Text »Prekarität ist überall« versteht Bourdieu den Begriff »Prekarität« als ein gesamtgesellschaftliches Phänomen der sozialen und ökonomischen Unsicherheit, das Menschen in allen sozialen Schichten und nicht nur Menschen in Armut betrifft.

9 Lassalle, Ferdinand, *Was nun? Zweiter Vortrag über Verfassungswesen,* erstmals gehalten am 17. November 1862 im Mundtschen Saal in der Köpenickerstraße 100 in Berlin-Kreuzberg, Zürich, 1863

10 http://www.willy-brandt.de/fileadmin/brandt/Downloads/Rede_Willy_Brandt_Nobelpreis_1971.pdf

Und schon wieder Marx

1 Houellebecq, Michel, *Ausweitung der Kampfzone*, Berlin, 1999

2 Boltanski, Luc, Leben als Projekt, Polar-Zeitschrift

3 Horn, Eva: *Zukunft als Katastrophe*, Frankfurt am Main, 2014

4 Assmann, Aleida: *Ist die Zeit aus den Fugen? Aufstieg und Fall des Zeitregimes der Moderne*, München, 2013

5 Wagenknecht, Sahra: *Freiheit statt Kapitalismus: Über vergessene Ideale, die Eurokrise und unsere Zukunft*, Köln, 2012

6 Chantal Mouffe im Interview mit The European: »Populismus ist notwendig«, online unter: http://de.theeuropean.eu/chantal-mou

ffe--2/7812-chantal-mouffe-ueber-populismus-in-der-eu, abgerufen
am 31.12.2017

Weil links und rechts eben doch keine überkommenen Kategorien sind

1 Lessenich, Stephan: Der Rassismus im lafonknechtschen Wagen-
tainment, *Neues Deutschland*, 11. Oktober 2017, online unter:
https://www.neues-deutschland.de/artikel/1066535.der-rassis-
mus-im-lafonknechtschen-wagentainment.html?sstr=wagentain
ment, abgerufen am 13. Oktober 2017